国際教育で育む
異文化感受性

多文化環境での対話的で深い学びのために

秋庭裕子・筆内美砂・堀江未来・松本哲彦

【編著】

学文社

はじめに

　日本における国際教育の取り組みは，2000 年代以降，産業界からグローバル人材育成の必要性が叫ばれるようになったこと，そして，各種の国際化施策の後押しを受けて急速に拡大しました。新型コロナ禍によって一時的に停止したかのようにみえた国際教育交流も，オンライン活用に活路を見出し，対面とオンラインを効果的に組み合わせたブレンデッド・ラーニングの実践が盛んに行われるようになるなど，むしろその方法論において豊かになった感があります。初等・中等・高等教育のあらゆる段階での国際化が強力に推し進められる中，正課内外において多様な国際教育プログラムが展開されています。そしてこれらの国際教育プログラムでは，知識獲得型の講義形式よりも，海外渡航や外国人留学生との交流などといった異文化接触を伴う体験学習型の教授法の活用が多くみられます。

　一方，異文化体験を伴う国際教育機会が拡大する中で，オンライン・対面を含む多様な形で提供される異文化体験の機会は，学生・生徒にとって真に意味のある学びにつながっているのか，といった疑問が教育実践の現場でもたれつつあります。この問題意識に基づき，本書の企画母体である BRIDGE Institute[1] では，2014 年以降「国際教育の理論と実践を学ぶワークショップ」を開催してきまし

た。国際教育の企画や実践に関わる教職員等を対象とし，これまで，小中高大や日本語学校のほか，海外研修旅行を企画する企業などからも多数の参加を得ながら，異文化感受性を育む国際教育のあり方について，理論と実践の両面からアプローチしてきました。「海外研修を実施しているが，学生は海外体験から実際何を学んでいるのか」「外国人留学生と国内学生の交流機会を作っているが，教育的に意味のある交流になっているのか」「異文化接触を通じて得た学びを，キャリアも含めた長期的な視点でさらに伸ばすにはどうしたらいいのか」といったそれぞれ固有の疑問について，参加者の多くは，ワークショップ参加を通じて自分なりの答えを見つけ，他の参加者と共有・議論し，新たな観点を得，現場に戻ってさらに豊かな実践を展開されています。また，この研修は異なる立場にある参加者同士が学び合う仕組みを活用しているため，リピーターの方も毎回新たな学びを得られているようです。

　以上のように，国際教育プログラムが急激に拡大する現場において，担当者が学びの質に対して確信がもてないまま実践が先行している現状を私たちは重要な課題と捉えました。そこで今回，国際教育の実践を支援するためのハンドブックとして，BRIDGE Institute で提供してきた「国際教育の理論と実践を学ぶワークショップ」の内容を文字化し，より広く教育現場に届けることを目指しました。過去の参加者の方からは，「あれほど体験型のワークショップを文章化できるの？」という声が聞こえてきそうですが，できるだけその学びのエッセンスだけは取りこぼさないようにしたつもりです。絶えず変化を続ける国際教育の現場環境に対応するため，内容や手

法を発展させ，大切に育ててきたワークショップです。過去の参加者のみなさんには，その時の学びの経験を思い出していただきつつ，新たな内容にも触れていただけるものと思います。また，今回初めてBRIDGE Instituteの活動を目にする読者の皆さんにも，ワークショップの現場感を感じながら新しい学びを得られるユニークな書籍になっていることを願っています。

執筆者一同

本書は，以下の2つの科学研究費の助成を受けたものです。
■「国際教育プログラムの開発・普及・評価サイクルの構築：高大連携による学びの実質化」（研究代表者：堀江未来　2017年度〜2019年度）
■「ブレンデッド・ラーニングによるグローバル人材育成の理論的・実践的研究」（研究代表者：堀江未来　2021年度〜2025年度）

【注】
1)　BRIDGE Instituteとは，国際教育に携わる教職員や社会人が集まり，新しい時代の国際教育を切り開くために2014年に設立されたチームです。バックグラウンドの違いを超えて互いに学び合えるネットワークを構築すること，そして，この分野に情熱を持つ者の交流を通して，国際教育に関する新たな知識や実践をともに創造していくことをミッションとしています。

目　次

第 2 部　実践編

第1部　基礎と理論

第1章

「異文化体験から学ぶ」とは？

　第1章では，「多様な文化背景をもつ他者との出会いによって，学習者はどのように学び，成長するのか」という，本書の中心的な問いに答えるべく，「異文化体験から学ぶ」という現象を概念的に見ていきます。異文化との接触を，ただの体験として終わらせるのではなく，学習者がそこから何かを深く学び，意味のある成長につなげるために，私たちは「文化」という概念をどう捉えておくべきでしょうか。また，どのような学びのメカニズムを理解しておくべきでしょうか。この章では，異文化体験の本質を概念的に理解した上で，学びのねらいや成果について，さまざまな角度から考えていきます。

第1節　文化とは

1.1　「文化」の定義

　まず，「文化」という概念について考えてみましょう。辞書を引いても，関連の学術論文を読んでも，「文化」という概念の定義はたくさん出てくることがわかります。また，誰もが日常生活でなんとなく理解している概念でもありますが，その解釈は必ずしも同じ

ではありません。

　以下は，異文化コミュニケーション分野でよく参照される定義の一例です。

　　「文化は，一定のパターンを持った考え方，感じ方，そして反応の仕方といった要素から成り立っている。文化の根本をなすのは，伝統的な考え方であり，それに付随する価値観である。」

(Kluckhohn, 1962)

　　「文化は，あるグループの人々が根本的な問題，たとえば宇宙の始まり，自然環境における予期しないできごと，社会の本質，物事の順序立てにおける人間の立場などといった問題に直面したときにみせる，一定の反応のことである。」　　(Hall, 1976)

　　「文化とは，人をあるグループのメンバーとしてほかのグループから分けるため，集団としてプログラムされた意識」

(Hofstede, Hofstede, & Minkov, 2010)

　これらの「文化」の定義に共通しているのは，文化を「ある社会集団に属する人が共有している行動様式や考え方の総体である」と捉えていることです。つまり，文化とは，社会集団によって形成されるものであり，そこにはある程度構成メンバーによって共有された価値観や考え方，信条や物事の前提などが含まれている，という説明です。ここでいう社会集団とは，国という単位だけではありま

せん。多様な共通項，例えば，地域・民族・言語・人種・年代・性別・ジェンダー・セクシュアリティ・職業・趣味などによって括ることのできるグループを，文化における集団とみることができます。「異文化体験からの学び」を考える上では，異文化とは国籍の違いに限らない，ということをよく認識しておくことが重要です。

　「文化」は「社会集団によって形成されるもの」という観点をさらに掘り下げてみましょう。「文化」は「恒常的なものではなく，流動的であり，置かれた条件，人々によって常に構築，再構築されるもの」という考え方です。私たちはさまざまな環境や人間関係を通して，いくつもの行動習慣，規範や常識に出会い，適応や内在化を繰り返します。つまり，文化は「ダイナミックで継続的な集団形成のプロセスであり，常に変化する状況において，集団の中の個人がその状況を解釈しながら，意義のある活動をしようとする」事象であるともいえます（Holliday, 1999）。それゆえ，一般的に特定しやすい分類（例えば国籍，民族，言語など）に基づいて固定的に「文化」を語ることは，必ずしも適切ではないことがあります。例えば「日本人は△△的な傾向がある」という見方を，海外で長く育った日本人に照らし合わせてみましょう。どこまでその特徴は当てはまるでしょうか。また，「日本人は直接的な言い方をしない」と断定的に言うことは，個人差や文脈による調整を無視したものであるといえます。同じ日本人でも，誰と話しているか，どのような場面で話しているかによって，コミュニケーションのスタイルを使い分けていることもあるはずです。「文化」を語る際，特定集団について行動規範や価値観を一般化，概念化することは，本来私たちが持ってい

5

る多様で複合的な現実を矮小化したり，本来の姿を歪めたりすることにつながります。また，「文化」を固定的に捉え，その境界を意識することは，「私たち」と「あの人たち」という二項対立型の関係性を強調・助長することにもなりえます。異文化を通じて学習者の学びを促すためには，単に「文化」を受容するだけではなく，私たちが文化を生み出す主体であることも忘れないでおきましょう。

1.2　「文化」概念の多面性：3 つの比喩を使って

　「文化」の概念を本質的に理解するために，ここで，「眼鏡」「金魚鉢」「たまねぎ」の 3 つの比喩を使って考えてみましょう（図 1.1 参照）。それぞれ，どのような特徴が，文化の本質と似ているのでしょうか。もちろん，正解・不正解はありませんので，自由に発想してみてください。

図 1.1 文化の 3 つの比喩

出所）Berardo（2012）

　実際のワークショップでは，5 名ほどの小グループでこの問いについて議論してもらいます。以下に，実際に出されることの多い意見を紹介します。

〈文化とは，「眼鏡」のようなものである。なぜなら…〉

- 眼鏡はかけ替えることができる。文化も，意識的に切りかえることで，発言や行動が変わる。ものの見え方は，立場によって変わってくる。多様な眼鏡を持ち，場面によってかけ替えようとすることは，多面的に文化を見ようとする姿勢と似ている。

- 本人の意思によって眼鏡をかける・外すことができるように，人はどのように文化を捉えるかを，意識的に選ぶことができる。

- 自分のかけている眼鏡が文化のフィルターとなって，目の前にあるものが見えづらくなることがある。または，逆に，度の合った眼鏡をかけることで，より周りがクリアに見える。

- 眼鏡を長期間着用していると，つけていることを忘れてしまうように，自分がどんな文化的なフィルターを通しているかということも，わからなくなる。つまり，ある特定の文化や価値観が固定されてしまう。

〈文化とは，「金魚鉢」のようなものである。なぜなら…〉

- 金魚鉢を見たときに，覗く角度によって大きさや見え方が違う。また，内側，金魚側から見た世界と，外から見た世界は，文化というガラスを隔てることで違ったものとして見えることがある。

- 金魚鉢は水の入れ替えが定期的に必要なのと同じように，文化も定期的に新しい要素を入れていかないと，濁ってしまう。

- 金魚鉢の中にいる金魚はちょっと窮屈そうにみえる一方で，外の世界を知らず，現状に満足し，現状を快適に感じているようにも見える。

- 金魚を囲む水は鉢のなかでとどまり，金魚にとっての世界を形作っている。その鉢という枠がときに固定観念になったり，限られた世界を作る。
- 水草や砂利などの与えられた環境（社会的な構造など）について，自分が一定の影響を受けているということを本人は意識していない。

〈文化とは，「たまねぎ」のようなものである。なぜなら…〉

- たまねぎは幾重にも層になっており，見た目は茶色いけども，そのすぐ下は真っ白で，外見とは違う色がある。剥きすすめることで徐々に中心が現れてくる。文化も，一層ずつ理解していくことで，より核心に近づくことができ，新たなものが見えてくる。
- たまねぎの芯の部分も剥くことができるので，結局文化には実態がないのではないか。
- たまねぎを切ることによって，涙がでる。文化も，切る（衝突する）ことによって，紛争が起こったりとか，人が涙を流す状況になる。一方で，涙を出さずにたまねぎを切る方法があるように，文化も，適切な対応の仕方を知り，実践すれば，涙を出さずに済む。文化に対しての十分な心構えと理解があれば，衝突を最小限にすることができる。
- たまねぎは，料理の仕方によって甘くなったり，おいしくなったりする。最初の辛味に囚われずに，じっくり料理することによって味が変わってくるように，異文化に対しても，その第一印象で留まらず，そこから一歩踏み込んで体験してみたり，理解しよう

と努めたりすることが大切である。

　どれも，「文化」の本質をよく捉えており，文化の概念を多面的に理解する上で参考になると思います。もちろん，実際のワークショップの場面では，もっと創造力豊かな，意外な視点での意見もたくさん出されます。小グループで互いの意見を出し合うことで，参加者の新たな気づきにつなげることができます。

1.3　文化の氷山モデル：「見える」文化と「見えない」文化

　「眼鏡」「金魚鉢」「たまねぎ」の3つの比喩の例に加えて，「氷山」の比喩を紹介します。異文化間コミュニケーションの分野では，「氷山モデル」を用い，文化というものが，目に「見える」表面的な部分と，目に「見えない」深層部分で構成されていることを示し，「文化」という概念の奥深さをわかりやすく説明します（図1.2参照）。

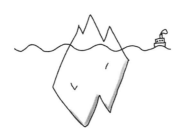

図1.2　文化の例え「氷山モデル」
出所）Hall（1976）

　では，文化の見える部分と，見えない部分には，どのような要素

が含まれているのでしょうか。

　文化の「見える」部分の例としては，音楽，芸術，建築物，食事，伝統行事等があげられます。これらは，ぱっと見て，自身の文化と同じだな，違うな，と感じることができるものと説明できます。これに対して，「見えない文化」はその文化に属する人々の暗黙のルールや，アイデンティティに深く関わる要素，価値観，考え方，ものの見方，コミュニケーション・スタイル，時間の感覚，社会的役割への期待，哲学的思想等，を含んでいます。

　京都を例にすれば，観光バスで午前中は金閣寺にいって，お昼は湯豆腐，午後は祇園で散策，と動けば，いわゆる京都らしい場所を効率よく回り，体験することができます。非常に表面的ではあるけれども，京都の「見える文化」に触れる体験です（たまねぎの比喩では，一番表の皮の部分ともいえます）。

　しかし，観光客としてではなく，実際に生活するようになると，生活様式や，風習，言葉の使い方などの「見える文化」の違いから，戸惑いや葛藤を感じることがあります。それは，水面下にある「見えない文化」をまだ十分理解していない場合に，当然起こりうることです。

　異文化体験を通じた学びを促す上での第一のポイントは，文化の「見える」部分だけに注目するのではなく，その水面下にある「見えない」部分に気づき，理解しようとする姿勢を育むことです。言い換えれば，文化の「見えない」部分をどのように発見・理解させるか，そのきっかけをどのように作り出し，気づかせるかが鍵となります。その気づきを促すためには，この文化の「氷山モデル」を

学習者に紹介し，見えない部分についての概念的なイメージを持た
せることが有効です。

　また，学習者にとって，異文化環境にはまだまだ自分の知らない，
見えない部分があると理解することは，文化の違いによる戸惑いや
葛藤を学びの機会とするためにもとても重要です。私たちには，何
もかもを無意識のうちに自分の価値観や考え方で捉え，評価してし
まう（つまり，自分の氷山の下の部分で，相手の氷山の上の部分を評価
してしまう）というメカニズムがあります。これは人間としては自
然な心の働きでもありますが，学習者がそこを意識的に保留し，状
況を観察し，「今自分に見えていないことは何か？」「氷山の下には
何がある？」と考えることができれば，そこが学びの入り口になり
ます。つまり，「なんか変だな」「ちょっと嫌だな」と感じるところ
から，意味ある学びが始まるということです。

第2節 異文化感受性の発達

　では，実際に異文化体験を通して学び，成長する中で，学習者は
一体どんな力を身につけているのでしょうか。また，私たちは，ど
んな力を身につけて欲しいと思っているのでしょうか。本書では，
異文化体験を通して身につく力の総体を「異文化感受性」という概
念で捉えます。「異文化感受性」とは，文化的差異や類似点に気づ
く力，さらにそれらを理解し，受容・適応する力です。また，その
「異文化感受性」は，図1.3で示すとおり，さまざまな知識・スキル・

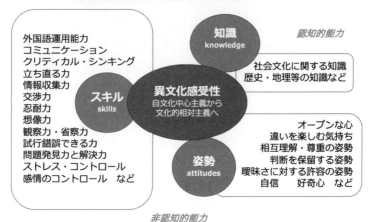

図 1.3　「国際教育」(異文化体験からの学び)の実践を通して身に付く力
出所）BRIDGE Institute セミナー資料

姿勢で構成されており，その発達は「自文化中心主義」と「文化的相対主義」の 2 つの段階で説明することができます。

2.1　自文化中心主義とは

　「自文化中心主義」とは，「自身の信条や基準が至上で正しいと感じ，すべてのものごとを自分の基準で判断，評価する心理的状態」(Bennett, 1993) のことです。この定義だけをみると，自文化中心主義という考え方を，単なる自己中心的な態度のように理解されることもありますが，必ずしもそういうことではありません。私たちはみな，それぞれが生まれ育った社会で求められる倫理観や考え方を

「好ましいもの」として教えられ，身につけながら成長してきました。そのように育っていく中で，自分の考え方や価値観が正しいものであると信じることは，自然なことです。

　しかし，自文化中心主義的な態度は，自分の文化から外に出たときや，異なる文化に出会ったときに問題となります。文化によってものごとの基準が変わる場面で，そのことをどう受け止めて，どう折り合いをつけるか。そこで，自分の中にある自文化中心主義的な心を意識的にのり越えていくことが必要になるのです。

　自文化中心主義の理解を深めるために，2つの例をあげたいと思います。まず，次の絵を見てください（図1.4）。水着を着た女性と，ブルカに身を包んだ女性が描かれ，彼女たちがお互いの姿を見たときの気持ちが書かれています。興味深いのは，彼女たちがお互いの容姿をまったく逆の感覚で捉えながらも，同様に相手を批判してい

図 1.4　水着とブルカを着た女性

©Malcolm Evans（2011）
引用元：The Open University（n.d.）

ることです。

- 水着を着た女性が「あの人，男性の視線を気にして，目以外の
  全てを覆い隠している。なんてひどい男性優位の文化なのだろ
  う！」
- ブルカを着た女性「あの人，男性の視線を気にして，目以外の全
  身を露出している。なんてひどい男性優位の文化なのだろう！」

　この例では，お互いが全く対照的な恰好をしているにもかかわら
ず，お互いを「男性の視線を気にしてそんな恰好をしている，なん
て男性優位の文化だろう」と批判しています。つまり，自分の価値
観や習慣と異なるもの，特に真逆のものに遭遇したとき，人はネガ
ティブな感情を抱きやすいのです。これは，自文化中心主義の象徴
的なケースです。

　自文化中心主義を理解する上では，「新しい情報は既に知ってい
る情報との関連でしか，認識・理解できない」(Mestenhauser, 2002)
という観点も重要です。人は，日常生活の中で自分にとって意味の
ないものは目に入らない，聞こえないという人間の認知構造の特徴
も，自文化中心主義の一部をなしているといえます。つまり，人間
にとって，すでに自身の中にある知識と関連した物事であれば，比
較的適切に理解できますが，出会ったことのないものをそのまま認
知し，理解するのは難しいのです。新しいことを，本当に新しいも
のとして理解するためには，認知の枠組みを変える必要がありま
す。すぐ見て「わかった！」となる反応は，自分の認知の範囲でし

か捉えられていないということです。一つ例を見てみましょう（図1.5参照）。

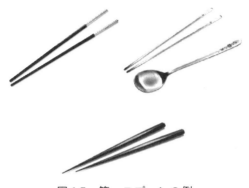

図1.5 箸・スプーンの例

さて，これらは何でしょうか。

おそらく，この本の読者である日本語話者の皆さんには，簡単な質問だと思います。答えは，「それぞれ異なる三つの文化圏（中国文化圏・韓国文化圏・日本文化圏）で一般的に使用されている箸」です。

しかし，同じ質問をヨーロッパ出身者グループに聞いた時の答えは，すべて「3組の箸と一つのスプーン」であり，それ以上の情報は出てきませんでした。これは，彼らの生活にとって，3つの形状や素材の違いは重要な情報ではないため，認識されなかったということです。

私たちが3種類の箸を識別できるのは，日常生活の経験を通して箸にたくさんふれていたからです。このように，その物自体を認知できるかどうかは，私たちが経験を通してあらかじめ知っているこ

15

と，すなわち頭の中の枠組みに依存しています。そのため，馴染みのない異文化のものごとを理解する，まずその存在や微妙な違いを認識できるようになることが必要であり，それは一朝一夕でできるようになるものではありません。

2.2 自文化中心主義から文化的相対主義へ

それでは，「自文化中心主義」を意識的に乗り越えた先には，何があるのでしょうか。ここで，次の段階として，「文化的相対主義」という概念を紹介します。自文化中心主義では自分の文化が理解の中心にあって，自身の価値観であったり判断基準に基づいて世の中を見ます。

しかし，文化的相対主義の段階に移行することができれば，自分の文化を多様な文化の一つに位置づけて，ものごとや事象を多角的に捉えることができるようになります。

文化的相対主義の段階では，自身とは異なる文化における価値観や行動様式について，自身の文化の枠から視点を切り替え，想像力を働かせ理解しようとすることができるようになります。また，異文化体験を通して得たさまざまな考え方，価値観，行動様式などを自分の選択肢に取り入れ，状況に応じて適切に使い分けることができるようにもなります。場面によっては，周囲にある異なる文化の人々の間の橋渡しをすることができます。そして，常に新しい価値観や解釈について興味を持ち，学び続けようとすることも特徴といえるでしょう。

2.3 異文化感受性発達理論（Intercultural Development Continuum: IDC）

ここで，異文化感受性発達理論（Intercultural Development Continuum: IDC）について紹介します。IDC は，ミルトン・ベネット（Bennett, 1986）により提唱された異文化感受性発達理論（Developmental Model of Intercultural Sensitivity）の概念をミッチェル・ハマー（Hammer, 2012）が発展的に整理したものです。この理論では，自文化中心主義と文化的相対主義を 5 段階に分けて考えます。その 5 段階とは，否定（Denial），二極化（Polarization），最小化（Minimization），受容（Acceptance），適応（Adaptation）です（図 1.6 参照）。順に詳しくみていきましょう。

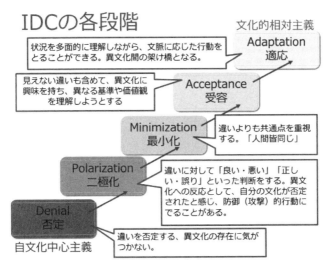

図 1.6　異文化感受性発達理論

（Intercultural Development Continuum: IDC）

出所）Hammer（2012）をもとに筆者作成

否定 (Denial)

　この段階は，異文化の存在を認識していない，または異文化の存在を視野にいれることについて否定的な段階です。最も自文化中心主義の度合いの強い段階といえます。例えば，目の前に「なんか変だな」と感じるケースがあったとしても，その背景に文化的な違いがある可能性に気がつきません。

二極化 (Polarization)

　文化の違いに対して，自身の文化の価値観を軸にして，良し悪し，正誤，優劣というような判断をする段階です。この段階では，物事を，自分（の文化）と他人（の文化）との二極に分離したものと考え，いずれかが他方より優れていると考える傾向があります。

　具体的な反応としては，異文化に接したときに，自分の文化が否定されたと感じ，防御的・攻撃的行動に出ることがあります。相手を脅威に感じたり，脅威を感じた相手に対して攻撃的，差別的な行動に出る，ということがこの二極化の段階の大きな特徴です。または，相手が自分より優れている，と感じた場合に，自身の文化に対して否定的な感情を持つこともあります。

最小化 (Minimization)

　この段階では，違いを最小化し，違いよりも共通点を重視するようになります。「人間皆同じ」と感じ，相手と類似する面を見つけて，安心感を得ようとするのがこの段階の特徴です。行動パターンにおいては，異文化に対して友好的で，交流に前向きです。しかし，

「見えない」部分の複雑な違いに意識が向いておらず，自分と共通する部分だけで相手とつながろうとする傾向があります。また，「人間皆同じ」と考える際の「同じ」という基準の軸が，自分の価値観に基づくものであるという点で，発達モデルの中間点に置かれています。

受容 (Acceptance)

　「氷山モデル」の「見えない」部分も含めて異文化に興味を持ち，異なる基準や価値観を理解しようと務めるのがこの段階です。一つ前の段階の「最小化」と違い，共通点はあるけれども，実は表面的には見えない部分に，自分とは異なる価値観や基準があるかもしれない，と常に意識をむけることができます。相手について，自分が十分に理解できていない部分がある可能性を認識しているので，異文化交流に積極的な中でも，相手をより深く謙虚な姿勢が見られ，相手のことをさらに知ろうとする姿勢が見られます。また，違いや新たな発見から学ぶことを楽しむことができます。

適応 (Adaptation)

　この段階になると，「受容」の段階でさまざまな文化について学んだ知識・スキル・姿勢を総合的に活用して，自分が置かれている状況を多面的に理解したり，その場の文脈に応じた行動を取ることができます。また，この段階にある人は，さまざまな場面における文化間の摩擦を敏感に感じ取ることができるため，その解決のために異文化間の懸け橋となることが多くなります。

2.4　段階によって異なる異文化感受性の高め方

　通常，私たちが国際教育の実践を行う際には，一定規模の学習者を対象にプログラムを提供します。これらの学習者に対して効果的な学びを提供するためには，学習者の異文化感受性レベルを踏まえた的確かつ意図的な学びの場の設定が必要になります。学習者の異文化感受性の段階にそぐわないトレーニング内容を提供することは，時にマイナス効果を生むことがあるので，十分な注意を払う必要があります。

　これから，それぞれのステージでの学びの促し方について，考えてみましょう。自分が仮に，「否定」のステージにいる学生に何か異文化感受性を高めるためのトレーニングを提供するとしたら，何をどう計画するのが効果的でしょうか。その学習者を次の段階に引き上げるには具体的にどのような取り組みや投げかけが有効でしょうか。また，「二極化」から「最小化」へ，「最小化」から「受容」へ，「受容」から「適応」へ引き上げるにはどうするのが効果的か，これから具体的に考えてみましょう。

・否定→二極化

　この段階で重要なことは，「違い」の存在に気づくということです。「違い」の存在が見えていない状況から，「違い」が存在することに目を向けさせる必要があります。異文化に対する拒絶心が強い場合があるので，比較的身近で理解しやすいトピックをケースとして用いるとよいでしょう。

　例えば，コンフリクトが起こるような状況（待ち合わせの時間につ

いての認識の違いなど）について，お互いの文化的背景や価値観（どうしてそのように行動したのか等）を想像するようなワークが有効です。

・二極化→最小化

　ここでは，「違い」があることを踏まえつつ，文化間にみられる共通点に目を向けることが重要になります。「二極化」の心理的特徴は「違いを恐れる」という点にありますから，共通点に意識を向けることで，違いへの恐怖心や嫌悪感を取り除きます。グループとしての文化間の優劣や正誤ではなく，交流している個々人の性格や信条に注目すること，実際の交流の場面を通じて個々人との友情やつながりを構築することも，共通項を認識する手助けになり得ます。

・最小化→受容

　見える部分の共通点にばかり目が向きがちな「最小化」の人は，次の段階では見えない違いや多様性に興味を持つこと，複雑性に気づくことで異文化感受性の発達が促されます。「違い」の背景にある価値観や信条など（氷山モデルの「見えない」部分）に注目することで，文化が人に与える影響の複雑さについて理解を促すことが効果的です。

・受容→適応

　異文化から学ぶ方法を概念的にも体験的にも理解した「受容」の

人にとっては，直接的な異文化体験を多様に積んでいくことが，「適応」段階に移行するために最も効果的な方法です。また，氷山全体の文化の複雑性への理解を踏まえ，文脈に応じた自身の行動や役割を，より客観的な視点から考えるようなケースを用いた取り組みも考えられます。具体的に複数の異なった文化に関わるケースを用いて，その場面をどう理解するのか，またその場面で自身がどう行動するのか，擬似的に体験をすることを通し，自分を相対化して考え，さらにどのような理解を深めるべきかを考えることが学びにつながります。

 ## 概念理解を実践につなげる

第3節

　この章では，「異文化体験から学ぶ」とはどういうことか，異文化に接することがなぜ私たちの成長を促しうるのかということを，「文化」の捉え方や「異文化感受性発達モデル」といった概念をつかってみてきました。

　異文化との接触を通した学びを学習者が意味のある成長につなげる第一歩として，「文化」という概念の理解は有効です。異文化体験を通した学びにおいて重要なことの一つは，文化概念の複雑性をどれだけ理解できるか，というところにあります。例えば「氷山モデル」を参照することで，学習者は文化の「見える」部分，「見えない」部分，または文化の複雑性へのイメージを持つことができます。実際の異文化との接触場面では，「眼鏡」の比喩を参考に，目

の前にある状況への一過的判断を保留し，状況を客観的に観察する
ことも可能となります。

　また，異文化感受性発達理論は，これから異文化体験から学ぼう
とする学習者のガイドラインとして活用することができます。この
理論を概念的に学ぶことで，自分の日頃の言動を客観的に捉え，異
文化感受性を高めるためにどのような知識・スキル・姿勢が必要な
のか，具体的な目標を持つことができます。

（堀江　未来・筆内　美砂・佐間野　有希子）

【引用・参考文献】

Bennett, M. J.(1986). A developmental approach to training for intercultural sensitivity. *International journal of Intercultural Relations*, *10*(2), 179-196.

Bennett, M. J.(1993). Towards ethnorelativism: A developmental model of intercultural sensitivity. In R. M. Paige(Ed.), E*ducation for the Intercultural Experience*(2nd ed., pp. 21–71). Intercultural Press.

Berardo, K.(2012). Four analogies. In K. Berardo & D. K. Deardorff(Eds.), *Building Cultural Competence: Innovative Activities and Models*(pp. 61-68). Stylus Publishing.

Hall, E. T.(1976). *Beyond Culture*. Anchor.

Hammer, M.(2012). The Intercultural Development Inventory: A new frontier in assessment and development of intercultural competence. In M. Vande Berg, R. M. Paige, & K. H. Lou(Eds.), *Student Learning Abroad* (Ch. 5, pp. 115-136). Stylus Publishing.

Hofstede, G., Hofstede, G. J., & Minkov, M.(2010). *Cultures and Organizations: Software of the Mind: Intercultural Cooperation and Its Importance for Survival*. McGraw-Hill.

Holliday, A.(1999). Small cultures. *Applied Linguistics*, *20*(2), 237-264.

Kluckhohn, C.(1962). *Culture and Behavior*. Free Press Glencoe.

Mestenhauser, J.(2002). The utilization of foreign students in internation-alization of universities. In S. Bond & C. Bowry(Eds.), *Connections and Complexities: The Internationalization of Higher Education in Canada*(pp.

13–28). Occasional Papers in Higher Education, 11. The Centre for Higher Education Research and Development, The University of Manitoba.

The Open University.(n.d.). The veil as symbol of empowerment or oppression?. *OpenLearn*. https://www.open.edu/openlearn/history-the-arts/veiling/content-section-2.1 （閲覧日：2023 年 12 月 17 日）

Column 1

✒共同生活に必要なコミュニケーションとは

　大学時代の中国留学では，二人で一部屋を共有するタイプの寮で，私はスイス人のルームメイトと，平和に楽しく過ごしていました。

　そしてある日，ある法則に気がつきました。日本人は必ずどこか他の国の学生とルームメイトになっているのですが，一方で，ドイツ人同士，スイス人同士，アメリカ人同士，という部屋があるのです。不思議に思って寮母さんに「なぜ？」と聞きました。

　寮母さん曰く，「以前には，日本人同士をルームメイトにすることもあったけど，必ず数ヶ月のところで揉め事が起こり，大爆発して，修復不可能な状態になる。それから部屋を分けるのは面倒だから，最初から分けている」とのこと。「日本人だけなんですか」と私が聞くと，「そう。どうやら，日本人留学生は，部屋の使い方について話をしないらしい。自分が迷惑に思っていることやこうしてほしいということを，言わない。我慢して我慢して，でも，なんで相手はわかってくれないんだろう？と腹の中で思っていて，それがある日暴発する。」と。その経験則から，日本人同士を同じ部屋にすることはやめたのだそうです。

　この寮母さんの仮説が正しいかどうかはわかりませんが，確かに，「察し」や「暗黙の了解」を求めるコミュニケーションに慣れている人には，部屋の使い方というような「当たり前のこと」を言語化する習慣はありません。しかし，私のスイス人ルームメイトは，「ドライヤーの音がうるさいから，何時以降はやめてほしい」「友達を部屋に呼ぶときは，先に教えてほしい」など，事細かに，早い時点でいろいろな提案をしてくれました。そのお陰で平穏な生活をおくれたのでした。

　多文化環境では，それぞれの「当たり前」が異なるため，お互いに話し合ってルールを作るという作業が必要になります。この作業は，自分の慣れ親しんだ文化ではあまり必要ではありません。暗黙のルールや自分の気持ちを言葉にするということが，異文化間コミュニケーションでとても大切なスキルだということがわかります。

（堀江　未来）

Column 2

🖊 心と頭と体の三重奏

　私はこれまで，国際教育交流や留学生教育の仕事に携わりながら，いろいろな立場で国内外を移り住みました。その中で痛感したことは「心と頭と体（体調）の関係性」です。特に刺激的だった体験として，カメルーンでの生活を例に挙げたいと思います。

　カメルーンで，私は一歩外に出れば，圧倒的に目立つアジア人として，静かに歩かせてもらえませんでした。特に中国人居住者が増えていることもあり，「シノワ，シノワ（中国人）」と声をかけられました。中国語の発音に似せて「ヒーホー！」というような声かけやカンフージェスチャーも受けました。それは友好的な挨拶だったり，好奇心によるものだったり，冷やかしだったり，人それぞれでした。私の反応も，その時々によって違いました。相手が明らかに友好的な態度であれば，私は明るい返事。中国人と思われることは自然なことなので，状況に応じて訂正することもあれば，気にせずそのままにしておくこともよくありました。また，相手がからかい気味であったら，冗談で返したり，内心イラっとしながらも流したりすることが通常でした。

　しかし，ある時私は，自分でも驚くほどに語気を強めて反応したのです。地元の人が集まるマーケットで一人で買い物をしていた私は，野菜売り場の人たちから，非難ともののしりともいえる声を浴びせられたのです。「シノワ，シノワ」から始まった声はだんだん高まり，集団から攻撃される威圧感を感じながら，私の中で「ピキッ！」と堪忍袋の緒が切れました。

　フランス語で「中国人じゃないわー！」と一喝した私。カメルーン人もさすがにシーンとなりました。めったに声を荒げない私も，自分にびっくりしました。そして歩き去りながら，自分の行動を振り返ってみました。後々考えてみると，明らかにあのときは疲れていた日でした。そこに加えて，集団による攻撃であったことも影響したでしょう。異文化理解において「とっさの感情や解釈を保留して，その出来事の背景や文脈を探ることが大事ですよ。視点を変えて考えてみましょうね。」と学生に

伝えていますが，あのような強い感情が湧いた経験から，自分の心身の状態がいかに自分の捉え方や反応と関係するか，影響するかをあらためて考える機会となりました。

　私たちは完璧ではありません。心と体にエネルギーがなければ，冷静に判断したり，客観的に物事を捉えたりすることが難しいときもあるはずです。国際教育に携わる私たちも学生も，常に「心と頭と体」の3つのエネルギーの関係を意識しながら，「体験と理論と実践」を組み合わせて学びを深めていくのだと思います。

（筆内　美砂）

第2章

······························

学習者の学びを促す仕組みづくり

第1節 学びを促す「ファシリテーター」

1.1 教育者の4つのタイプとファシリテーターの役割

　前章で見てきた通り，異文化体験からの学びは，知識の獲得だけでなく，行動面や情緒面における成長発達を伴うものです。そのため，私たち国際教育に携わる教職員は，学びを促す「ファシリテーター」としての役割を認識しておく必要があります。このことを考えるために，まず，津村 (2003) による教育者の4つの分類を見てみましょう。

　津村は，教育者には4つの役割があると述べています（図2.1参照）。縦軸は，教育者の学習者に対する関わり方として，「伝達・指示型教育」なのか，それとも，「参加・対話型教育」なのかという視点で捉えています。それに対して，横軸は，その教育者の教育活動に対する重点が，学びの結果・成果に基づくコンテント志向なのか，それとも，学びのプロセスを志向しているかという視点になっています。この2つの次元から，教育者の役割を4つのタイプに分類しています。それぞれのタイプを詳しく見ていきましょう。

図2.1　教育者の4つの役割

出所）津村（2003：13）より抜粋

①教授者

　この図の左下にあるのが，「伝達・指示型教育」であり「コンテ
ント志向：成果・結果尊重」とされる「教授者」です。知識伝達型
の従来の講義形式の授業がこの「教授者」に当てはまるといえば，
イメージがつきやすいでしょう。教員が授業において専門知識を提
供し，テストやレポート等で教育成果を測るのが典型的な「教授者」
の授業のやり方です。今までの日本では，このような「教授者」と
しての教員の役割が主流でしたが，専門知識の提供だけではなく，
最近よくいわれるようになった問題解決能力，コミュニケーション
能力などの非認知能力の育成においては，「教授者」としての役割
だけでは不十分であることが認識されるようになりました。

②コンサルタント

　この図の右下にあるのが，「コンサルタント」です。コンサルタ
ントと聞いて，思い浮かぶのは，企業からの依頼を受けて，その経

営方針やマーケティングなど多岐にわたる分野の問題点を調査・分析し，その改善策・解決策を提示する人ではないでしょうか。それを学校という組織へのコンサルタントではなく，学習者個人へのコンサルタントと考えたとき，その教育者のイメージはどうなるでしょうか。「コンサルタント」としての教育者は，学習者が直面している状況・課題を適切に診断し，教育現場の関係者たちと相談・連携しながら，その学習者の特性に合った形でよりよい改善策について学習者に指導・提案するのが，教育者の「コンサルタント」としての役割です。例えば，学習者のテストの結果を見て，その学習者の特性や学習進捗度を考慮しつつ，今後どのように学力を伸ばせばいいのか，個別に指導していくことなどが挙げられます。

③インストラクター・教示者

　左上にあるのが，「参加・対話型教育」を行い，「コンテント志向：成果・結果尊重」とされる教育者が，「インストラクター・教示者」です。学習者に参加を促し，やり取りをしながら，学習者の成果につながるような指導と教育を行います。テニスなどの個人競技の指導者，サマーキャンプのリーダーは，この類の教育者といえます。

④ファシリテーター

　右上にあるのが，「参加・対話型教育」を行い，「プロセス志向：心理・関係的過程尊重」とされる教育者が，「ファシリテーター」です。ファシリテーターは，学習者の学びの場づくりを通じて，対話をもとに，その学習者の主体的学びのプロセスに着目し，学習者

同士，学習者と教育者も含めて，その場，その瞬間で起きている気づきを大切にしながら，柔軟に学びを促していきます。「ファシリテーター」としての教育者は，教案や資料作成等の事前の準備を行い，学習者の学びの目的と内容を明確にした上で，その場の気づきに応じて，学びのプロセスを意識しながら臨機応変に学習者の学びを促すことが求められます。

　以上，教育者の 4 つのタイプについて概観しましたが，これらのタイプに優劣や，良い悪いといった価値判断はありません。実際，私たちは授業や課外活動の目的と内容によって，この 4 つのタイプを使い分けたり，融合させて柔軟に実践しているのではないでしょうか。その中でも，国際教育において特に重要とされるのが「ファシリテーター」の役割だと考えています。それは，国際教育の現場においては体験型の学びを通じて，その学びのプロセスを重視するためです。そのため，ファシリテーターとして，個人やグループが活動や体験を共有して学びを引き出し合い，ともに学習目標を達成できるよう促すスキルが必要となります。
　次節では，体験を通じた学びをどのように促進できるのか，いくつかの観点から具体的に説明していきます。

第2節　体験を通じた学びを促すファシリテーション

2.1　コンテントとプロセス

　体験を通じた学びを促進するためには，コンテントとプロセスの両面に着目する必要があります。学びの場におけるコンテントとプロセスとは，どういうことでしょうか。

　第1章で「氷山モデル」といわれる文化の捉え方を紹介しました。これは，文化には見えるところと見えないところがあり，文化の見えないところに考え方や価値観など，重要な要素が隠れていることを示したものです。同様に，コンテントとプロセスの学びも氷山モデルで表すことができます。

　氷山の上の部分は，グループワークなどにおけるコンテントに当たります。コンテントとは，課題とそれについて話し合って出てきた内容のことを意味します。例えば，第1章で取り上げたたまねぎや金魚鉢と文化の類似性について，グループで議論するとします。それぞれのグループでは，それらが文化とどう関連があるのかを話し合います。その後，各グループで出たアイデアを出し合います。そうして出されたアイデアが，ここでいうコンテントです。コンテントだけ見ると，あるグループから多くのアイデアが出てきていれば，そのグループはうまく作業を進めることができたと解釈できるかもしれません。

　一方，コンテントに比べ，プロセス，すなわちどのように話し合いが行われていたかという点は見えにくい部分です。つまり，氷山

モデルの下の部分に当たります。例えば，先述の個々のグループワークをプロセスという観点から見てみると，多数のグループが同時にワークをしている場合，その場にいるファシリテーターとしての教員からは見えにくい部分があるかもしれません。コンテント，つまりグループワークの成果発表だけを見ると，たくさんアイデアが出ていて，グループワークが成功しているように見えても，プロセスから見ると，必ずしも成功とは言えないこともあります。例えば，グループ内で1人の人がずっと話し続けて，その人はたくさんアイデアを出したけれども，ほかの人はあまり発言していないというケースです。その場合，結果としてアイデアはたくさん出ていても，グループ全体としてお互いに多様な意見を出し合ったということにはなりません。プロセスの学びを重視するということは，学習者の学びを支える関係作りがどのように行われたか，つまり，誰が誰とどのように関わったのか，どういう雰囲気で話し合いが行われたのか，お互いどのような感情を持っていたのかといった点に着目することです。

2.2　体験学習の循環過程

　近年，多くの教育機関が海外留学や海外研修などを提供しています。それに加えて，近隣のコミュニティとの課題解決型のプロジェクトも授業として展開されています。しかし，学生を海外に派遣する，地域コミュニティとプロジェクトを実施するという体験だけで本当に深い学びがそこで起きているのか，疑問に思うことはないでしょうか。そこで，本節では，学習者の成長につながる意味ある学

び，深い学びを促す理論として，体験学習の循環過程を紹介します。

　体験学習の循環過程という考え方は，体験学習についての著名な研究者であるデービッド・コルブ（David A. Kolb, 1984）によって提唱されました。下の図は，そのコルブの提唱したモデルを，津村（2003）が簡略化したものです。

　まず「体験」から見ていきましょう。これは，学習者が実際に体験すること，つまり，さまざまな感情や価値観，想像力を刺激できる体験活動を指します。この体験があまりに簡単なものだったり，あまり内側が揺さぶられない体験であると，安全ではありますが，深い振り返りが起こりにくくなるため，その後の学びのサイクルを回すためには，ある程度インパクトのある体験を用意する必要があります。ただ，インパクトのある体験をした際に，達成感を感じる学生もいれば，さまざまな葛藤を感じる学生もいます。その葛藤をそのままにしておくと，ただ違和感や否定的な感情が残ったままでその体験が終わりかねません。

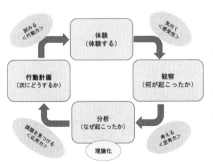

1. 体験（体験をする）
   - 様々な感情や価値観，想像力を刺激できる体験を
2. 観察（何が起こったかを観察する）
   - 自分，他人，グループのレベルで
   - 感情，認知，行動の側面で
3. 分析（なぜ起こったのかを分析する）
   - 原因やパターン，傾向などを分析・発見する
4. 行動計画（次にどうするかを計画する）
   - 分析を踏まえて，課題を解決するにはどうすればよいかを具体的に計画する

図 2.2　体験学習の循環理論

出所）津村（2003）をもとに筆者が改変

　それを避けるには，②の「観察」と③の「分析」が重要です。学習者は，そのプロジェクトの体験の中でどのような発言をしたのか，今どのように感じているのか，どういう行動を起こしたのか，もしくは起こしにくかったのか。このような点を振り返るのが「観察」です。自分の気持ちや考えはある程度意識できたとしても，他者の考えまではなかなか見えません。したがって，他者の言動の背景にある意図や動機，あるいは，グループ全体の雰囲気はどうだったか，お互いがどのように関わっていたのか，などの振り返りを促します。さらに，その観察結果をグループ内で相互に共有することがポイントです。お互いの観点や受け取り方の違いを明らかにすることで，次の「分析」につなげることができます。

　観察に基づいて，何がうまくいかなかったのか，なぜそうなってしまったのか，もしくは何がうまくいき，何がそれに貢献したのかを考えるのが，③の「分析」です。例えば，話し合いの中で，チームへの貢献の考え方に違いがあることが見えてきたとします。あるメンバーは，多く発言をすることがチームへの貢献だと考えていた一方で，グループのメンバーとできるだけ調和を保つことがチームへの貢献だと考えていたメンバーもいたりしないでしょうか。あるいは，発言による貢献よりも，パワーポイントの作成や時間管理をすることでグループに貢献しようと思っている人もいたかもしれません。このように自他の行動や感情を観察し，その意図や背景を分析・共有することで，「貢献に対する考え方の違いがある」という気づきを得ることができるでしょう。

　上記の「観察」「分析」を踏まえて，今後どうすれば問題をうま

く解決し，もっとお互いに協力できるかを考えるのが④の「行動計画」です。例えば，各メンバーの得意不得意をそれぞれ話したうえで，強みを活かしてグループに貢献できるように，もう一回プロジェクトの分担の仕方を話し合って，それを実行に移してみるというやり方もあるでしょう。そして，その新しい計画を実行してみて，お互いどのように行動したのか，どう感じたのか，どのようにチームワークを改善することができたのか，といった点について「観察」を共有し，さらに「分析」し，新たな「行動計画」へと体験学習の循環を進めていくことが期待されます。このような循環過程を経ることで，「大変な体験だった」「異文化間の作業はものごとがうまく進まない」といった感想から前進し，「問題について話し合い，みんなで乗り越えようとしたからこそ気づけたことがあるし，結果として面白いものができた」「違いに向き合って取り組んだおかげで，お互いへの信頼感が生まれた」といった新しい視点が得られるようになります。

　では，学習者がこの体験学習の循環過程を進んでいくために，教員はどのようなファシリテーションができるでしょうか。基本的には，何らかの体験をした後に「観察」「分析」「行動計画」について，学習者がじっくりと振り返る時間と場を用意することです。グループワークの振り返りであれば，まず個人で振り返りシートや e-portfolio に自分の行動や感情の「観察」結果を書いてもらい，それをグループで共有することで気づきを促します。そして，その上でグループで「分析」「行動計画」について話し合います。

　ただし，グループで気づきを共有する際，伝え方によってはメン

バーが批判や非難を受けたと感じる可能性があります。それを避けるためには，あらかじめグラウンドルールをグループで決めておくことで（詳細は 3.4 を参照），グループの心理的安全性を高めることができます。また，I-message，つまり自分を主語にした言い方（「自分には〜のように見えた，自分には〜と感じられた」といった表現）を使うように促すこともで効果的です。

　上記の個人もしくはグループでの振り返りの際に，学習者を次の過程に導く質問を準備しておくと良いでしょう。各過程での質問例を以下の表にまとめています（表 2.1 参照）。

　これらの質問を使った振り返りの方法として，以下のような例が挙げられます。

・個人で：振り返りシートにそれぞれの過程についての質問を書いておき，受講生に自分なりの答えを記入してもらう。

・ペアで：インタビューをする側とされる側を決め，教員があらかじめ準備した質問リストをもとにお互いに質問をし，その内容を書き留めていく。

・グループで：個人で記入したワークシートの内容を共有していく。その際，メンバーの1人もしくは TA（Teaching Assistant）がファシリテーター役を務め，誰かの発言に他のメンバーがどのように感じたのかも共有できるよう，相互作用を促すサポートする。

・クラス全体で：グループで話し合ったポイントをクラス全体で共有し，グループ間の共有と気づきを促す。

表 2.1 体験学習の循環を促す質問例

体験学習の過程	質問の例
体験→観察	その体験をしたときに，どんな気持ちでしたか？どのような考えや思いが浮かびましたか？その結果，どのような行動を取りましたか（もしくは取りませんでしたか）？
	○○さんの発言や行動は，あなたにはどのように映りましたか？
	その時，あなたが所属していたグループではどのようなことが起こっていたと思いますか？
観察→分析	自分の一連の反応を眺めたときに，そこには自分のどのような傾向やパターンがありそうでしょうか？
	自分と相手の受け取り方にどのような違いがあったと思われますか？相手の行動にはどのような意図や背景があったと類推できますか？
	なぜグループ内で誤解が起きたと思いますか？時間の経過に従って，グループ内の雰囲気や関わり方はどのように変化していったでしょうか？
	グループの関係がうまくいったとしたら，それはなぜですか？誰のどんな言動が貢献したでしょうか？
分析→行動計画	自分の感じ方や考え方の特徴を踏まえて，自分の理解や学びを深めるには，どのような準備ができそうでしょうか？
	相手とのよりよいコミュニケーションのために，お互いが具体的にできることを3つずつ挙げるとしたら，それらはなんでしょうか？
	今回経験したことを踏まえて，次にまた何かグループで取り組む際，より学びのある関わり方にするために何ができるでしょうか？

出所）筆者作成

　異文化体験からの学びを深めるためには，単に「体験」させるだけでなく，その後の「観察」「分析」「行動計画」まで進めることが肝心です。そのように学習者を導くために必要なファシリテーションのあり方について，次節でより詳細に見ていきます。

第3節　ファシリテーション実践の仕組み

3.1　ファシリテーションにおける流れ

　前節では，体験学習の循環過程について紹介してきましたが，この節では，より実践に近づけて，教室でのグループワークに有効なファシリテーションの理論的枠組みや実際の流れについて説明したいと思います。

　森（2009）は，創造的な成果につながる議論や作業の流れとして，「共有・拡散・収束・共有」の4つのステージ（図2.3）を提案しています。ファシリテーションをする上で，ある程度流れ，つまりプロセスについて知っていると，時間内でどう議論や学びを進めていけるのかがイメージしやすいです。まずは4つのステージを具体的に見ていきましょう。

　まず最初にあるのが「共有」というステージです。「共有」で大事なポイントは，「オリエンテーションのOARR」（森，2009）です。OARRとは，アウトカム（Outcome），アジェンダ（Agenda），ロール（Role），ルール（Rule）の頭文字を取ってこのように呼ばれます。アウトカムとは，その日の学習到達目標を明確化すること。アジェンダは，当日のスケジュールと内容について，全体の流れを事前に学習者に共有すること。ロールは，グループワークにおいて，司会，タイムキーパー，議事録係など役割を分担することです。最後のルールとは，学習者が学びあいの場において守るべき約束事（後述「グラウンドルール」を参照）です。例えば，「普段よくしゃべる

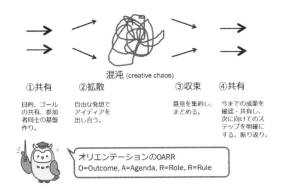

混沌 (creative chaos)

①共有　②拡散　③収束　④共有

目的、ゴール
の共有、参加
者同士の基盤
作り。

自由な発想で
アイディアを
出し合う。

意見を集約し、
まとめる。

今までの成果を
確認・共有し、
次に向けてのス
テップを明確に
する。振り返り。

オリエンテーションのOARR
O=Outcome, A=Agenda, R=Role, R=Rule

図 2.3　共有・拡散・収束・共有の 4 つのステージ
出所）森（2009）

人は，今日は意識的に他の人の話をよく聞いてみよう」「相手の目
を見て話そう」，といったルールが挙げられます。これらのルール
は，教員が事前に作成することもできますし，学習者が第 1 回の授
業や研修の冒頭で，アイスブレイクの一環として作成することも効
果的です。このOARRに関する情報を冒頭でしっかり共有しましょ
う。また，アイスブレイクを通じてお互いを知り，グループワーク
の基礎作りとなる時間を取ることも「共有」のステージに含まれま
す。「共有」のステージにおいて，OARR の 4 点を共有し，アイス
ブレイクをしっかり行うことで，体験学習の基盤を作ることができ
ます。

　次の「拡散」では，各自，課題やワークに対して自由にアイディ
アを出し合い，意見が広がっていくステージに移ります。いろいろ
な意見が出て，まとまりがつかなくなることもあり，「『生みの苦し

み』の混沌」（中野，2009：183），「創造的な混沌（creative chaos）」（森，2009：127）といった状態がグループ内で起こることがあります。この混沌のステージでは，自由にアイディアは出たけれども，まとまりがつかなくなる，学習目的から大幅にずれて，何をしたかったのかわからなくなるといった事前に予測していなかった状況が起こりえます。ただ，これも成果を生み出すための必要な混沌であるといえます。この時に，ファシリテーターは，臨機応変にグループの様子を見ながら教育的介入をすることが求められます。教育的介入とは，議論が行き詰まっているグループに声をかけること，誰かが一方的に話している場合に他のメンバーに発言を促すこと，また話題が大きく逸れているときに修正することなどです。また，時間が許せば，小休憩を取って，教室から出て気分転換をする時間を設けてもよいでしょう。さらに，議論の途中で定期的に，これまでに出たアイディアを初期の人に報告してもらう時間を取ったり，模造紙に意見を書き込むように指示することで，議論の内容や方向を可視化することもできます。

　終了時間が近づいてきたら，グループ毎の発表に向けて意見を集約するよう促します。これが「収束」のステージです。もっと時間がほしいというグループもあるかもしれませんが，グループごとの議論の様子を観察しながら，残り時間を調整して，まとめる方向に促しましょう。

　最後に，グループごとの話し合いの成果を発表し，活動全体を振り返る「共有」ステージがあります。活動を振り返ることで，次の授業や，学生個人の次の活動に向けた足掛かりとなります。

このようにファシリテーションのプロセスを「共有・拡散・収束・共有」の 4 つのステージで捉えることは，先述の体験学習の循環過程とともに，私たちが見通しをもってグループワークを進める上で有用です。

3.2　グループワークの学びを促す場づくり：教室環境とグループサイズ

グループワークを通しての学びの成否は，ファシリテーターとしての教員のスキルだけではなく，教室の雰囲気や空間の使い方からも影響を受けます。ここでは，机と椅子の配置など教室環境の視点から，グループワークによる学びの場づくりについて考えてみます。グループワーク，アクティブラーニングを行う際，教員が必ずしも希望する教室を選択できるとは限りません。教室環境に左右されることなく，グループワークの学びの質を確保するためには，その教室の特徴を考慮した上で，授業活動や目的に照らしあわせて工夫・実践することが大切です。

表 2.2 は，グループワークをはじめとした活動をする際に参考となる机と椅子の配置です。授業等でどのように場をつくり，学びを促すことができるのか，考えてみましょう。

このような机と椅子の配置だけではなく，プロジェクターとスクリーンの配置，そして，教員がグループワークの作業中教室内を移動しやすいかどうかも，事前に確認しておきましょう。そして，何より，学習者がその教育環境で居心地の良さを覚えるか，安心できる学習環境かどうかを考えて工夫してみましょう。

以上のように，教育目標，内容に照らし合わせて，机と椅子の配

置という教室環境から学びの場づくりを考えていくことも大切です
が，グループの人数も学びを作用する重要な要素となります。1グ
ループの人数が多いと，グループワークの際に「フリーライダー（何
もワークに貢献しない人）」が出てくる可能性も考えられます。その
場合は，意図的にグループの人数を減らし，発言の機会を担保する
ことも有効です。学びを促すために1グループ何人がベストなのか
は，教育目的と内容，学生の受講態度によっても変わってきます。
最近では，実施形態（対面またオンライン）によってグループサイズ
を検討することも必要になってきました。

　例えば，BRIDGE Institute が行うワークショップにおいては，
その目的と内容を踏まえつつ，参加者のバックグラウンド（職務経
験，役職，勤務先，国際教育経験年数等）を考慮しながらグループサ
イズやメンバー構成を考えます。

　ペアワークは，密にコミュニケーションをとってもらいたい時や
流れの中でパッと意見交換してほしい時に有効です。また，プロ
ジェクト，課題解決型など時間をある程度とって行うグループワー
クは，3名以上で多様なアイディアを出し合い，お互い役割をもっ
て作業できるように，意図的にグループサイズを変えるのも学びを
促す刺激となります。

表2.2　机と椅子の配置ならびにその特徴

	机と椅子の配置	特　徴
机がある場合	スクール型	机と椅子がすべて前方に向いている配置。学習者全員が前方を向くので、教員の話を聞く、個人でのワークやペアワークに向いている。
	多角形型	多角形に座るため、お互いが見えやすく、意見が言いやすい配置。ロの字（四角）型ではないため、上座、下座がなく、ロの字型より緊張感が少ないと言われる。
	アイランド型	4〜6人のグループごとに集まって、向かい合って座る配置。グループワークが活性化しやすい。教員による説明、グループ発表を前でやる場合には、椅子を前に向けるなどの工夫をするとよい。
	コの字型	カタカナのコの形に配置することで、学習者と教員がお互いに見える。そのため、教員と学習者は対話がしやすい形である。グループワークをする時には、コの字型の内側に椅子を動かして作業することができる。
机がない場合	サークル型	教員も学習者も全員輪になって座る配置。全員の顔が見えるというメリットもあるが、最初からサークル型だと、学習者のなかには「ここで何をするのだろうか」と緊張する人もいるため、サークル型にするタイミングを工夫するとよい。
	シアター型	スクール型と違い、机がないのが特徴。椅子だけを並べることで、より多くの人が参加できる。学習者が前方を向いているため、発表する人（話す人）と聞く人という構図になりやすい。
	扇型	シアター型と同様、前方を向いているという点で、同じであるが、丸みを帯びた形で椅子を設置することで、学習者同士お互いの様子が見えやすい。

出所）中村他（2017）、中井（2015）森（2009）を参考に筆者作成

3.3　アイスブレイク

　ここでは，学習者の学びを促す仕掛けづくりの一つとして，「アイスブレイク」の目的・実践例，教育現場への応用について考えていきます。

3.3.1　アイスブレイクの目的

　アイスブレイクはワークショップや体験学習の導入部分で用いられる手法です。ワークショップや体験学習では見知らぬ人と出会い，学び合うわけですが，見知らぬ人と出会う際，緊張で心・頭・体が氷 (ice) のように凍てついた状態になってしまう人もいます。その状態を壊し (break)，学びに開かれた姿勢をつくることがアイスブレイク (ice break) の役割です。体験型の学びの場にアイスブレイクを取り入れることで，緊張をほぐすことはもとより，自由な発想でアイディアを出し合いグループ活動を活性化させる効果があります。

　アイスブレイクの基本的な目的を今村 (2014：23) は次の 3 点にまとめています。

1. 参加者全員が和やかな雰囲気に包まれるようにすること。
2. 参加者どうしの自己開示が進み，コミュニケーションが円滑になるようにすること。
3. 参加者どうしがお互いに協力しようという気持ちになるようにすること。

さらに「共通した目的・ゴールのために協力して行動する人間の集団，すなわちチームの基盤を作るのもアイスブレイクの役割である」と述べています（今村，2014：127）。

また同様に，石川ら（2015：56）は教育プログラムでのアイスブレイクの目的・効果について，以下4点を示しています。

1. 学習者が安心して発言できる肯定的な雰囲気をつくる。
2. 他者の意見や価値観を受け入れられる雰囲気をつくる。
3. ともに学び合うものとして協力的な雰囲気をつくる。
4. 学習の動機づけを行い，学習への期待・意欲を高める。

このように，アイスブレイクでは学習者が安心を感じて学べるよう学習者の心理的な側面に配慮した場作りが求められますし，ファシリテーターがこれらの目的を意識して実践することが非常に重要だといえます。

3.3.2　アイスブレイクの実践例

では，アイスブレイクの実践にはどのようなものがあるのでしょうか。2018 年に BRIDGE Institute が多文化共修と海外短期研修をテーマに開催したワークショップでの実践例を紹介します。

1つ目は「クロック・デート」です。その流れは以下の通りです。

①参加者全員が席を立ち，1 時間ずつに区切られた時計のイラストを持ちます。

②そのイラストを持って，他の参加者と話をしていきます。同じ人
　と2回は約束ができないことを条件に，お互いに空いている時間
　（1時間ずつなので12個の枠を埋めていきます）を聞き合って相手の
　名前を書き込んでいきます。

③ファシリテーターが「12時の欄に名前が書いてある人とデート
　をしましょう」と時間を指定し，参加者はその時間に書かれた名
　前の人を探します。

④ファシリテーターより話のテーマが出され，テーマについて話を
　します。「クロック・パートナー」とも呼ばれています。

　「クロック・デート」のファシリテーターは「名前の由来は？」「最
近ハマっているものは？」「あなたの出身地の自慢は？」などの簡
単なテーマから，「今だから言える恥ずかしい話」「近い将来やって
みたいこと，チャレンジしたいことは？」等，徐々に自己開示の強
いテーマへと移り，その後のワークショップに関連するような問い
作りを意識しました。「クロック・デート」の説明から，12人の「ク
ロック・パートナー」を見つけて，その後テーマに沿って別々の「ク
ロック・パートナー」と話をします。このアイスブレイクである「ク
ロック・デート」に30分程度時間を取りました。1テーマで2分
程度でお互い話をする時間を取り，いろいろな参加者と交流するこ
とができました。クロック・デートが終わるころには参加者の緊張
はほぐれ，場の雰囲気も温まりました。

　次に行ったアイスブレイキングは，会場に移動し，ワークショッ
プで行うグループワークのグループに分かれ，一人ずつ自己紹介を

してもらいました。自己紹介のトピックは以下の3つとしました。

①あなたのホーム（故郷，居住地，拠り所など）はどこか。
②現在どのような仕事をしているか。学生であれば，どのような勉
　強をしているか。
③今回のワークショップから何を持ち帰りたいか。

　各グループの参加者は互いの話をあいづちを打ちながらじっくり
と聴き合い，ときどき発言者に質問を投げかけたりしていました。
笑いが起きるグループもあって，和やかな雰囲気で自己紹介が行わ
れていました。
　この2つ目のアイスブレイキングで工夫した点は，机と椅子の配置
をグループでの会話が活性化しやすいようにアイランド型にしたこ
と，次のワークで多様な意見や考え方が認識できるようグループの
人数を5人前後としたこと，参加申込時に記入いただいた参加者の
バックグラウンドを考慮したグループ分けをしたことです。これら
の工夫によって，参加者が研修のグループワークにリラックスして
参加するための場づくりが可能となりました。
　以上，BRIDGE Instituteで行ったアイスブレイキングを実践例
として挙げました。上記の例では，まずクロック・デートを行うこ
とで，研修に来ているさまざまな人同士が知り合うことができ，教
室全体の雰囲気づくりを行っています。次に，グループワークを行
うことになる小グループで座って自己紹介をすることで，もう少し
落ち着いた雰囲気でお互いを知り合う機会を設け，その後のグルー

プワークしやすいような場づくりをしています。このように，アイスブレイキングを行うときは，教室全体の雰囲気づくりと小グループの場づくりという2つの視点をから実施することも効果的です。

3.4 グラウンドルール

　学習者にとって心理的に安全な学びの場を作るための工夫として，グラウンドルール作りが挙げられます。グラウンドルールとは，学習者同士がお互いを尊重しながら話し合いや活動を行っていく上での基本的なルールです。そのルールを教員と学習者が一緒に協力して作ることによって，学習者の自主性を高め，参加態度を活発にするとともに，誰にとっても居心地の良い学習環境に近づけることができます。

　また，教員が授業や活動の趣旨とグラウンドルールの意義・目的を伝えた上で，学習者自身がグラウンドルールをグループで作成することもできます。その場合，教員としては「みなさんの小グループを心から満足できる素晴らしいチームにするために，どのような行動や態度を心がけたいですか？できるだけ具体的に考えてみましょう。」と投げかけてみても良いでしょう。

　教員が最低限守るべきグラウンドルールを予め作成し，授業の冒頭や活動前に学習者に伝えることもできます。ただ，その場合でも，学習者に「他に付け加えたいことはありますか？」と尋ねることが肝心です。

　グラウンドルール作りにおけるポイントは2点あります。

　1点目は,「具体的な行動指針として設定すること」です。例え
ば, 学習者から「お互いを尊重する」という意見が出た場合,「具
体的にどうすることがお互いを尊重することになりますか?」と問
いかけてみます。その結果,「人の話を遮らずに最後まで聞く」「ク
ラスメートの名前を覚える」「相槌を打つ」などといった意見が出
て, より具体的な行動に移しやすいグラウンドルール作りを促すこ
とができます。

　2点目は,「何かをしない」よりも「何かをする」グラウンドルー
ル作りを促進することです。例えば,「遅刻をしない」というグラ
ウンドルールよりも,「授業開始前に来て, お互いに挨拶をする」
とした方が, より積極的なチームワークの醸成に役立つでしょう。

　一度決まったグラウンドルールであっても, 取り組みの途中で,
修正・変更・追加をする必要がある, という観点を持つことも大切
です。学びのプロセスが進む中で, 学習者が新たにグラウンドルー
ルを追加したくなることは自然なことです。例えば,「グループディ
スカッションでは毎回違う人をファシリテーターにする」「グルー
プメンバーを入れ替えて, 色々な人と交流できるようにする」と
いったことです。そのような気づきを共有できる場を設定し, 常に
自分たちでグラウンドルールを更新できるという意識を醸成するこ
とで, 主体的な学びを促すことができます。当然のことながら, 私
たち教員が新たなルールを提案することもできます。したがって,
グラウンドルールを授業やワークショップの最初に設定して終わり
ではなく, 中盤あたりで自分たちのグラウンドルールをどれくらい
実行できているかについての振り返りの時間をとり, その振り返り

に基づいて後半はどのようなグラウンドルールを設定するのが効果的かを話し合ってもらうと良いでしょう。

第4節　体験学習における「振り返り」

　前述の 2.2「体験学習の循環過程」に関する説明では,「振り返り」の必要性について触れました。実際, 私たちは教育現場で「○○をやってみてどうだったか, 振り返ってみましょう」と問いかけることがあります。しかしこの問いかけは, 学習者にとって曖昧であったり, 個人によって少しずつ解釈が違っていたりする可能性があります。例えば, 単純に体験した出来事を思い出し,「○○に行った」「○○が楽しかった」「○○なことがあった」という描写で終わるパターンです。私たちが振り返りで促したいことは, こういった表面的な描写や感想ではありません。学習者には, さまざまな視点や解釈, 背景を考察するプロセスが「振り返り」なのだと理解してもらう必要があります。つまり, その体験をどう捉えたのか, なぜその反応や行動をとったのか, 自身の認識や想定と異なりうることは何なのかを考えてもらいます。

　「振り返り」の捉え方やアプローチは, 学術分野や実践現場に応じて異なり, 共通解釈は提示されていないのが実情です (Moon, 2004)。また, 学習者が何を振り返り, どのような学びにつなげるのかも, 答えは一つに限りません。この前提を念頭に入れつつ, ロジャース (Rogers, 2001) による「振り返り」の定義を確認し, 段階

Column 3

✏場づくりの工夫

　私たち BRIDGE Institute がワークショップを行う際，参加者もスタッフも心地よい空間になるかどうかを考えて，企画・実施しています。例えば，会場については，明るい部屋であるかどうか，隣に座る参加者との間に適度な距離感があるかどうか，グループで作業するためのテーブルの広さがあるかどうか，ホワイトボードがあるかどうか，などを考慮して，選んでいます。それ以外にも，初対面の参加者同士がくつろげるように，軽食やお茶を用意したり，各グループのテーブルに小道具（カラーペン，カラフルな付箋紙，キャンディ等）を置くこともあります。

　以前実施したワークショップ（写真）では，ぬいぐるみを置いていました。置いておくだけで場が和んだり，会話の糸口になるだけではなく，ぬいぐるみがトーキング・スティック（それを持った人が話す）として活用することもできます。このように，BRIDGE Institute のワークショップでは，毎回スタッフで意見交換をして，場づくりについて工夫をしています。

BRIDGE ワークショップ（2018）における場づくり
出所）BRIDGE Institute メンバー撮影

（秋庭　裕子）

的に振り返りを促す取り組みを考えていきましょう。

4.1　「振り返り」の基本要素とは？

　先に述べたように，「振り返り」が幅広く解釈・実践されていることを受け，ロジャース（Rogers, 2001）は，さまざまな学術分野や実践現場における振り返りの実践を分析し，共通する 4 つの基本要素を抽出しました。その基本要素とは，以下の 4 つです。

①個人が能動的に取り組むこと，つまり漫然と出来事を思い出したり，捉えたりするのではなく，当事者が意識的に経験と向き合い，考えること
②振り返る行為が，普段と異なり，戸惑うような状況や体験によって誘発されていること
③ ②を受けて，当事者が置かれている状況に対して，自分の反応，前提や想定，考えを見直し，検討すること
④ 振り返りを通じて，自分の体験について，新たな考え方を取り入れること

　これらを考慮して言えることは，振り返りは「気づきと学びのプロセス」であるということです。ここで強調しておきたいことは，誰もが自然に振り返りを実践するわけではない，ということです。取り組む度合いや振り返りの質には個人差があります（Hatton & Smith, 1995 ; Moon, 2004 ; Rogers, 2001）。特に，自分の感情に意識を向け，振り返ることができるかどうかは，人によって差異があり

ます。学習者が自分の思い込みや想定を問う姿勢を持っているかどうか，さらに既存の知識や考えを変える意思と，そうした意欲，柔軟性があるかどうかが影響します。振り返りによる気づきや学びを引き出すには，学習者の柔軟性と寛容性が求められる，ということです（Moon, 2004；Rogers, 2001）。

　学習者が振り返りの目的や学びのプロセスを意識・理解し，実践するためには，学習者の状況に応じた指導や助言が不可欠です（Coulson & Harvey, 2013；Moon, 2004）。教育実践者が学習者の能動的な取り組みを促すことに加え，コルブ（Kolb, 1984）の体験学習の循環過程のように，継続的に振り返る基盤を作ることも必要です。では，どのように振り返りを促していけるか，見ていきましょう。

4.2　振り返りの実践の「足場づくり」

　ここでは，振り返りによる学習者の学びを深めるためのモデルを紹介します。コールソンとハービー（Coulson & Harvey, 2013）が提唱した「段階に応じた指導の枠組み（A Framework of Scaffolding Reflection for Learning Through Experience）」です（図 2.4）。

①「振り返りを実践するための働きかけ（Learning to Reflect）」

　まず，振り返りをする前の段階で，学習者は「どのように振り返るのか」を学ぶ必要があります。特に大事なことは，教育実践者と学習者間の共通理解を構築することです。コールソンとハービー（Coulson & Harvey, 2013）は，この事前の段階で次の 3 つを網羅する必要があると指摘しています。

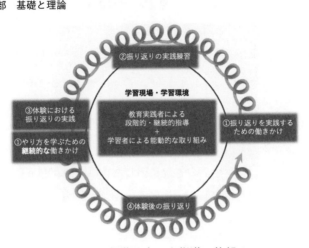

図 2.4　段階に応じた指導の枠組み

出所）Coulson & Harvey（2013）をもとに筆者が改変

- 目的・意図・文脈の共有：はじめに，振り返りを通じてどのような学びが得られるのか，学習者と共有します。さらに，何をどのように，どの程度取り組むのか，学習者と共通認識を作っておきます。

- 方法・手段の確認：学習者と共有した目的・意図・文脈に基づき，さまざまな選択肢の中から適切な方法・手段を選びます。

- 学習者の振り返り力の見極め（簡単な実践とフィードバック）：はじめから深い振り返りができる学習者もいれば，描写のレベルで終わる学習者もいますので，学習者がどの程度振り返る力を持っているか，簡単な練習を通して判断します。その結果を受けて，適切に助言やサポートを行います。

　この「振り返りを実践するための働きかけ (Learning to Reflect)」は，学びのプロセスのどの段階においても，学習者と教育実践者が確認することが必要です。学習者が最初は振り返りの意義や取り組み方を理解したとしても，時間が経つにつれて意義を見失ってしまうことがあります。また，学習者がその環境に慣れてしまい，能動的に振り返る機会やきっかけを見つけにくくなります。このようにさまざまな理由から，一定の時間が経つと振り返りが深まらない状況に陥ることがあります。そのため，事前学習で学んだ上記のポイントについて，継続的なフィードバックの中で学習者が意識できるようにしておくことが大切です。

② 「振り返りの実践練習 ((Reflection for Action)」

　事前の段階でもう一つ取り組むべきことが，「振り返りの実践練習 (Reflection for Action)」です。4.1 の節で，誰もが自然に振り返りを実践するわけではないと述べましたが，そもそもどんな文脈を取り上げて振り返るのかわからない学習者もいると思います。そのため事前練習という形で，教育実践者がテーマを与えて学習者に振り返ってもらいます。そして，書いた内容に対してフィードバックをします。このように事前に実践練習をすることで，最初は表面的な描写をしていた学習者も，少しずつ多角的，多面的に振り返るきっかけや手がかりを得ることができるでしょう。

③ 「実体験における振り返り (Reflection in Action)」

　振り返りのための事前準備を終えたら，いよいよ実際に振り返り

に取り組んでもらいます。海外研修・留学先や学内の授業・課外活動など，さまざまな文脈で実践できるでしょう。学習者にとっては，多様な文化的背景を持つ人たちとの関わり合いや，新しい環境での体験から得られる気づきや学びを育むプロセスです。

　大事な点は，学習者が体験を通して感じる戸惑いや混乱こそが振り返るポイントなのだと理解・意識すること，そして自分の感情や考えを表現することです。これはいろいろな方法で取り組めます。個人による振り返り，グループの中での振り返りもあれば，文字で書き出したり，YouTube ビデオのように映像化したり，アートやパフォーマンスで表現したりすることができます。振り返り方は多種多様です。さらに，学習者の振り返りに対してフィードバックを与えると，よりよい気づきと学びにつながっていきます。これが①の継続的な働きかけにあたります。

④「体験後の振り返り (Reflection on Action)」

　最終段階の「体験後の振り返り (Reflection on Action)」は，海外研修・留学を終えて帰国した後，もしくは何かしらの異文化体験を経て，自分自身の体験や感情を客観的に捉え，新たな視点や考えにつなげていくプロセスです。学習者と教育実践者が協力して，継続的な学びや学びの深化を目指します。

　体験後の振り返りを設定するタイミングは，体験直後だけでなく，一定期間を置くことにも意味があります。体験直後には気づかないことでも，一定期間を置くことで，新たなことに気づくことがあるからです。また，経験を振り返る機会を複数回設けることで，

「生涯学習者」として，自発的・継続的な振り返りに取り組む意識を高めることが大切です。

　「振り返り」は，自分自身をより理解するため，あるいは体験の渦中では知りえなかったことに気づくためのプロセスであり，異文化体験に限らず，いろいろな場で生涯学習スキルとして発揮されるでしょう。学習者自身が自ら振り返る力を高めていけるよう促していくことが肝心です。

4.3　振り返りの方法（実践例）

　振り返りは，必ずしも個人で振り返るだけではなく，グループで話し合うこともできます。仲間たちの考えを聞いたり，何かを指摘されて気づく効果があります。また，振り返りは，必ずしも言語（文字）だけではなく，コラージュ作成など，視覚的に表現するやり方もあります。また，留学先から経験を振り返るのであれば，オンラインプラットフォームなどを活用できます。それでは，具体的な実践例を紹介しましょう。

振り返りの実践例1：「異文化体験の振り返り曲線」

　私たちがよく使うワークに「異文化体験の振り返り曲線」があります。まず，BRIDGE Institute メンバーの一人が，あるセミナーで自分の体験を振り返り，書いたものをご覧ください（図2.5）。

　このワークでは，自分の異文化体験の事例（状況）を一つ思い出してもらい，その体験における自分の心身の反応や変化を曲線で描いてもらいます。縦線の真ん中にあたる部分がいわゆる平常心で，

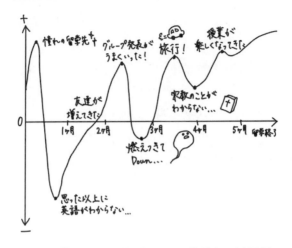

図 2.5　「異文化体験の振り返り曲線」の活用例
出所）BRIDGE Institute メンバー作成

その人の普段の状態です。そこから気持ちのアップダウンを示します。横の時間軸は，個々の体験や状況に応じて，学習者が自由に決めてかまいません。

　この振り返り曲線は，自分の経験を視覚的に描き出すことで，気持ちや考えを整理したり，記憶の中の出来事をあらためて客観的に捉えることを促します。「ああ，このときはすごく調子がよかったな」とか，「ここでどかーんと落ち込んだんだ」とか，「この頃にちょっとずつ上がっていったな」というように，一連の体験や変化を俯瞰して見ることができます。

　このワークではさらに，そのときの状況や変化を言葉で解説してもらいます。キーワードでもいいですし，文章でもかまいません。何が起こったのか，それが自分にどう影響したのかなどを言語化す

ることで，その体験を通じた気づきや変化が明確になります。これは，体験の渦中にいるときも終わった後でも実践できます。

　このような振り返りの手法を身につけると，面接などの場面でも活用できます。例えば，「留学してどうだったんですか」という質問に対して，「私はこういう体験をしたけれども，○○に気づいて視点を変えることができました」とか，「このように乗り越えて，前向きに捉えられるようになりました」など，自分の成長を具体的なきっかけを含めて言語化しやすくなります。次に紹介するSTARS も，同様に面接などで活用できます。

振り返りの実践例 2 :「STARS」

　STARS の目的は，経験を具体的な文脈の中で振り返り，論理的に自分のスキルや気づきを明らかにすることを目指しています。以下の 4 つのステップで構成されます。

　S（Situation）：戸惑ったり，困難だった文脈や状況の描写
　T（Task）：そのときに起こった問題や取り組むべき課題
　A（Action）：問題解決のために自分がとった行動
　R（Result）：それによって得られた結果
　S（Skill）：この出来事から，自分にはどのようなスキルがあると
　　　　　　　言えるか，またはどのような重要な気づきがあったか

　自分の異文化体験を説明する学生は，その状況を知らない人に対しても，その文脈の説明抜きで話をしてしまうことがあります。と

りわけ異文化環境については，具体的な状況は理解されにくいので，本来伝えたい意味や意義がうまく伝わらず，もどかしい思いをすることになります。そこで，STARSのステップに従って自分の経験を具体的に整理して説明することで，自分がどのように成長・変化したのかをより説得力をもって伝えることができます。

第5節　学習者の主体的な学びに向けて　

　本章では，学習者の学びを促すファシリテーションを具体的にどう実践していくのか，理論的な枠組みから考えました。まず，教員を4つの役割（教授者，コンサルタント，インストラクター，ファシリテーター）に分けて概観しました。その上で，昨今のアクティブラーニング，体験学習，プロジェクト型学習には，学びを促すファシリテーターという役割がより重要になっていることから，学びを促すためのファシリテーションについて具体的に紹介しました。また，体験学習による振り返りの意義を踏まえて，教育実践者が，学習者の段階に応じて振り返りを意図的に促し，学びを効果的に育むためのモデルを提示しました。学習者が生涯にわたって，自身の体験から内省する力を培うためには，教育実践者の仕組みづくり，つまり学習者が自らの学びに主体的に取り組めるような教育的働きかけを工夫することが大切です。

（秋庭　裕子・古賀　恵美・平井　達也・筆内　美砂）

【引用・参考文献】

今村光章（2014）『出会いの仕掛け人になる』晶文社.

石川一喜・小貫仁（2015）「場をつくる」石川一喜・小貫仁編『教育ファシリテーターになろう！―グローバルな学びをめざす参加型授業』弘文堂，pp.43-63.

津村俊充（2003）「" 教育ファシリテーター " になること」津村俊充・石田裕久編『ファシリテーター・トレーニング：自己実現を促す教育ファシリテーションへのアプローチ』ナカニシヤ出版．pp.12-15.

中村文子・パイク，ボブ（2017）『講師・インストラクターハンドブック』日本能力協会マネジメントセンター.

中井俊樹（2015）『アクティブラーニング』玉川大学出版部.

中野民夫（2009）「ファシリテーションのこころ」中野民夫・森雅浩他著『ファシリテーション：実践から学ぶスキルとこころ』岩波書店，pp. 159-190.

森雅浩（2009）「ファシリテーションのスキル」中野民夫，森雅浩他著『ファシリテーション：実践から学ぶスキルとこころ』岩波書店，pp.117-158.

Coulson, D., & Harvey, M.(2013). Scaffolding student reflection for experience-based learning: A framework. *Teaching in Higher Education*, *18*(4), 401-413.

Hatton, N., & Smith, D.(1995). Reflection in teacher education: Towards definition and implementation. *Teaching and Teacher Education*, *11*(1), 33–49.

Kolb, D. A.(1984). *Experiential Learning: Experience as the source of learning and development*, Prentice Hall.

Moon, J. A.(2004). *A Handbook of Reflective and Experiential Learning: Theory and Practice*. Routledge.

Rogers, R. R.(2001). Reflection in higher education: A concept analysis. *Innovative Higher Education*, *26*(1), 37-57.

Column 4

✏私の見つけたグループで学びあうための秘訣

　2年間のイギリスでの修士を終えて，自分の学習成果を考えた時，最初に頭に浮かぶのは，異なる目標を持つ人とともに学び，自分の成果に落とし込むという学びです。私の所属した MA TESOL（Teaching English to Speakers of Other Language）は社会人経験を持つ国際色豊かなメンバーで構成されていました。私たちは，同じ成果物を作り上げる目的でグループワークを行うのではなく，個々に別の成果物（つまり自分の課題もしくは卒業論文）を書き上げる目的で，そのプロセスを共有しました。課題執筆から卒業論文を書き上げるまで，クラスメイトと情報交換し，グループでお互いから学び続けました。この活動を振り返り，グループで学びあう時に私なりに気をつけた3つのポイントをご紹介します。

① 悩みを言語化する。

　目標としていることに対し，自分の現在の立ち位置を把握することでそのギャップが見えます。そのギャップを埋めるために四苦八苦するのですが，時にその分析を忘れ，クラスメイトと話をすると，相手を混乱させるだけで実りのない時間を過ごすことがありました。社会人としては当たり前のスキルですが，お恥ずかしい話，そこを見失うことがあるほど，入学当初は追い詰められていたように感じます。また英語という第1言語ではない言語を使い，伝えたいことを簡潔にわかりやすく述べるために，ちょっとした下準備が大切であると感じています。

②コミュニケーションをしっかりとる。

　悩みごとや，課題の進捗状況をクラスメイトと話をするとき，どうしてそこで悩んでいるのか，なぜ課題をそのように進めているのかなど，疑問に思うことは質問を投げ，コミュニケーションをとるようにしていました。私もクラスメイトも，お互いの思考のプロセスを引き出し合うことで現状に足りていないものを自ら見つけることができ，次のステップに自分で進むことができたと感じています。また，クラスメイトの思考のプロセスを知り，自分の悩みを解決することができることもありま

Column 4

した。

　コミュニケーションをとる上では，踏み込んだことを聞くこともあるため，相手を傷つけたり，評価してしまったりするような発言がないようお互いに気をつけました。話をしやすい環境づくりのために，自分の悩みや失敗からオープンに話し始め，相手の質問やアドバイスに受け答えすることで，相手も安心して自分の話ができるようになったと思います。

③お互いのリソースを最大限に活用する。

　お互いに持つリソースを出し惜しみせずに共有すること，そして自分のリソースが相手の文脈でどのように役立つか，またその逆を考えることがともに学ぶ上で大切であったと思います。最後に何を持ち帰り，役に立てるかは自分が決めるものですが，情報交換をしている場では相手のために考えを巡らせ，もしかしたら役に立つかもとアドバイスし合いました。この活動は自分の思考力アップの源になったと思います。

（小野　詩紀子）

Column 5

✏違いを活かして学び合うための工夫
協働制作活動（アートワーク）を取り入れた学びの場が持つ可能性

　BRIDGE Institute が主催するワークショップには，毎回，出身地や年齢，職業や立場など，経験や背景の異なる方々が参加します。少人数のチームに分かれて取り組むグループワークでは，例えば，大学生と大学教員がいるグループ，企業に勤める人と大学に勤める人がいるグループ，何年も海外で暮らした経験のある人と海外にはまだ行ったことのない人がいるグループなど，多様なメンバーが出会い，ともに時間を過ごして学び合います。

「はじめまして。よろしくお願いします。」

　出会ったばかりの人とともに活動することには，多かれ少なかれ緊張感が伴います。グループのメンバーが「自分とは異なる世界を生きてきた他者」であると思えば思うほど，対話の中で遠慮がちになったり，自分らしさを発揮することよりもその場に適応することに意識が向いたり…。少なくとも私自身はそうなってしまいます。

「ベテランの先生を前にして，こんなことを言ってもいいのだろうか。」
「こんなことを聞いたら，対話の流れを崩してしまうのではないか。」
「私が知らないだけで，みんなにとっては当たり前のことかな。」

　どのような工夫があると，メンバー全員がより対等な立場に立ってその場に参画できるのか。参加者一人ひとりのユニークな経験やものの見方を学びのリソースとして活かしながら，楽しく他者と協働するための教育的アプローチにはどのようなものがあるのだろうか。

　このような問題意識を出発点として，BRIDGE Institute のワークショップで取り入れることとなったのが協働制作活動（アートワーク）で

す。参加者が協働して制作する活動を通じて，互いの考えや思考の背景など，それぞれの多様な状況を視覚化することができます。

アートワークを取り入れたプログラムでは，
・参加者の年齢や出身地，職業や立場などが異なる中で，それぞれの経験や見てきた世界を制作に自由に反映させ，互いに問いを投げかけながら気づきを促すことができます。
・それぞれのユニークな作品を融合させてチームで一つの制作物を完成させる活動で，一人ひとりの作品の良さや特徴を活かす関わりが生まれます。
・制作過程でのやりとりや一人ひとりのグループへの働きかけを振り返ることで自己理解，他者理解が深まります。
・参加者が素材や材料を自らの手を動かし，目で捉え，心で感じることで，童心に帰るようなリラックスした気持ちになります。

カラフルな材料を囲んで仲間とともに手を動かしながら交流する過程で，参加者は安心して自分や他者について知り，対話を深めることができます。

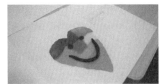

協働制作活動（アートワーク）を取り入れたセッションの例
出所）筆者撮影

Column 5

活動テーマ：「異文化体験における成長のカギは何か？」を考える
使用する素材：粘土（6~12色ほどをグループに1組）

▶セッションの流れの例（筆者作成）

1	それぞれの経験の振り返り（個人活動） 「これまでの異文化体験の中で，自分を変化・成長させたもの」
2	インタビュータイム（ペアワーク） 「エピソードを深めながら，学びや成長を促す要因を探る」
3	制作活動（個人活動） 「異文化体験における成長のカギを粘土で自由に表現しよう」
4	制作物とその背後にあるストーリーの共有（グループ活動）
5	個人作品の融合活動（グループ活動）
6	完成物と制作プロセスの振り返り（グループ活動）

※時間によって，5は割愛することも可能

▶参考となる理論

「クリエイティブ・ラーニング」ミッチェル・レズニック

　教育テクノロジーを専門とする研究者であるレズニック（2018）は，創造的思考力を育む学習プロセスを，「クリエイティブ・ラーニング・スパイラル（創造的な学びのスパイラル）」という螺旋状のモデルで示した（図1）。

1. 発想（Imagine）これからつくる世界をイメージする。
2. 創作（Create）アイデアを形にする。
3. 遊び（Play）自分がつくっているものをいじったり実験したりする。新しい工夫を加える。
4. 共有（Share）つくったものを共有する。
5. 振り返り（Reflect）自分たちがつくったものや，創作のプロセスについて振り返る。
6. 発想（Imagine）ここまでのスパイラルを通じた経験を踏まえて，新たに発想する。

Column 5

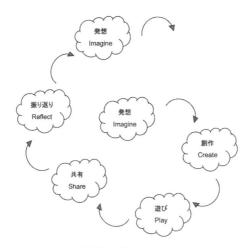

図 1　創造的な学びのスパイラル
出所）レズニック（2018）をもとに筆者が作成

【引用・参考文献】

Resnick, M.（2017）*Lifelong Kindergarten: Cultivating Creativity through Projects, Passion, Peers, and Play*, The MIT Press.（レズニック・ミッチェル，村井裕実子，阿部和広，伊藤穰一，ケン・ロビンソン（2018）『ライフロング・キンダーガーテン 創造的思考力を育む 4 つの原則』酒匂寛訳，日経 BP 社.）

伊庭崇編著（2019）『クリエイティブ・ラーニング 創造社会の学びと教育』慶應義塾大学出版会.

（川平　英里）

Column 6

✏️ "落書き" のススメ

　私は本を読むのが苦手です。つまり，目で文章を追って理解することが苦手なのです。一方で，色や形を捉えることや，音を捉えるのは比較的得意なので，学生時代は目で図や表を見て概要を捉え，耳で先生の話すことを聞き，理解しようとしました。自分の理解したことをイラストや文字で表現すると，自ずとノートが"落書き"だらけになってしまい，よく先生に怒られました。

　社会人になりワークショップに参加したときのこと，壁に貼った模造紙に，その場で話されているキーワードやイメージを抽出し表現する方がいらっしゃいました。グラフィックレコーディングと呼ばれるそれは，一見落書きノートに見えました。それなのに，他の参加者も「わかりやすい」と口を揃えており，さらにはその模造紙を前に新たな会話が生まれていました。苦い思い出しかない自分の落書きも，何かの役に立つかもしれないと感じた瞬間でした。

　それ以降，人が話しているシーンでは，意識的に落書きをしてみるようになりました。特に重要そうに聞こえた言葉，頭に浮かんだイメージ，こういったものを敢えて誰からも見えるように書いていくのです。多国籍の子どもでキャンプをしていたとき，特に手応えがありました。普段議論に置いていかれがちの子が，"落書き"を元に概要把握できるようになったり，口数の少ない子が，紙に自己表現したりする様子が見られたのです。もちろん，そんなものがあってもなくても関係ない人もたくさんいるでしょう。しかし，紙とペンがあるだけで，言語や認知の違いを超えて，より多くの人が協働できそうだと確信しました。

　BRIDGE Institute のワークショップでは，この落書きを発展させる形で，2017年よりグラフィックレコーディングを行っています。おかげさまで，参加者の方からは前向きなフィードバックをいただいています。ぜひみなさんも，"落書き"で場にどんな変化が起こるか，試してみてください！

Column 6

筆者によるグラフィックレコーディングの例

（大野　さゆり）

第3章

多文化間共修のねらいと仕組み
~実践から考える~

第1節　多文化間共修とは？

1.1　多文化間共修のねらい

　この章では，多文化間共修とは何か，そのねらいと仕組みはどのようなものかを，理論と実践の両側面から考えていきます。前章までは，異文化体験から学ぶということを概念的に説明しました。その上で，この章では少し文脈を狭め，多文化間共修という概念に焦点をあて，読者の皆さんがそれぞれの教育現場で経験されてきたことや，学習者として自ら経験したことをもとに，考えていきます。

　はじめに，多文化間共修とは何でしょうか。多文化間共修とは「正課活動及び正課外活動を通して，文化的背景が多様な学生によって構成される学びのコミュニティにおいて，その文化的多様性を学習リソースとして捉え，メンバーが相互交流を通して学び合うこと及びその仕組み」(坂本・堀江・米澤，2017：iii) と定義されています。この定義では，その場を構成する人々の文化的多様性を広く捉えており，国内国外という枠組みに限定していません。また，多様な人が同じ空間にいるだけで学びにつながるわけではない

ことが指摘されています。そのため，多文化間での交流を通して意味のある学びを可能にするための仕組みづくりが必要となります（Arkoudis et al., 2013；坂本他，2017; 末松他，2019；Leask, 2009)。そのことが，多文化間共修実践において不可欠な観点です。

　もう少し踏み込んで言うと，まず第一に，文化や言語的背景の異なる学生が，コミュニケーションの障壁をお互いに乗り越えて学ぶための教育的仕組みを提供したい，ということです。この仕組み作りにおいては，第2章で紹介した体験学習のサイクルを一通り経験し，うまくいくこともいかないことも含め，そのプロセス全体からの学びを最大化する仕組みを目指します。さらに，安心して学べる場であることも必要です。失敗をしてもいいし，恥ずかしい思いをしてもいい。そういう前提での学びの場づくりが必要です。

1.2　多文化間共修の実践パターン

　では，多文化間共修は具体的にどのように行われるのでしょうか。多文化間共修には，次のような実践パターンがあります。

〈科目〉　教養科目（全分野）

　　　　　専門科目（特定分野）

　　　　　日本語・外国語教育

　　　　　海外研修・実習科目　など

〈言語〉　単言語・多言語（日本語・英語・その他の併用）

〈場所〉　教室・キャンパス・地域・海外

　多文化間共修はさまざまな科目で実践可能です。教養科目として
も，専門科目としても多文化間共修の機会を設けることができま
す。教養科目の場合は，例えば，異文化コミュニケーションや多
文化理解などといった，あらゆる専攻の学生にとって有用なスキル
を学ぶことをテーマとした科目設定があり得ます。専門科目の場合
は，社会学や経済学，会計学など，何らかの専門的な内容を学ぶプ
ロセスに，多文化間共修を取り入れることもできます。日本語教育
や外国語教育の文脈でも使えますし，もちろん海外研修，実習科目
などでも取り込むことができます。

　言語使用に関しても，いくつかのパターンがあります。例えば単
言語使用，すなわち，日本語や英語，中国語など，その場で使われ
る言語が一つの言語という環境です。あるいは，複数の言語をお互
いに使って学んでいく多言語使用も考えられます。

　学ぶ場所についても，一つではありません。当然教室で行うこと
も考えられますし，海外など，学外に出て行うこともできます。多
文化間共修はどのような場所においても設定することができます。

　では，実際に多文化間共修の現場では，どのようなことが行われ
ているのでしょうか。ワークショップでは，小グループに分かれ，
現場で実践されている多文化間共修の事例を紹介し合いながら，教
育的効果や実践上の課題についても共有しました。以下，代表的な
観点をまとめました。

事例 1：プロセスをサポートすることの重要性

　ある大学の授業では，1 年生が多様な国籍で構成されるグループ
で，実践型のプロジェクトを作り上げます。研修を受けたティーチ
ング・アシスタントが，グループメンバーがコミュニケーション上
の問題を乗り越えるためのサポートをします。うまくコミュニケー
ションがすすむグループもそうではないもグループもありますが，
14 回の授業を通して定期的に，グループメンバー同士でフィード
バックを行います。例えば，「これまで自分の意見をストレートに
言うことを躊躇していたが，みんなと一緒にグループワークをする
ことで，明確に伝える必要性に気づいた」「同じトピックについて，
全く違う観点から意見を出してもらえてとても面白かった」など，
グループ内でのコミュニケーションの状況を客観的に振り返り，気
づきを共有することで，プロセスからの学びをサポートしていま
す。

事例 2：学びの効果を高める関係づくり

　ある大学では，学科横断のチームで地域のクライアントと一緒に
PBL（Project Based Learning）を実施しています。各学科から先生
たちがサポート教員として入ります。また，単年度ではなく 1 年生
から 4 年生までの長期的な視点からプログラムが作られています。
1，2 年生の間にしっかりとしたチームビルディングを行っている
ので，3 年生になった時にはチームでプロジェクトを回す基盤がで
きており，非常にスムーズに進みます。

　しかし，一部のグループでは，学生同士の関わりが表面的で，本

来目指している「協働」に十分に至っていないことが課題です。とりわけ，感情面に関わることで学生同士で指摘し合ったり，自己開示することが難しいため，振り返りを十分に深めることができていません。また同様に，安易にタスクを分担してしまい，表面的な関わりだけでプロジェクトを終わらせてしまうこともあります。学生が，関係性の中で殻を破り，一歩踏み込んで関わり合う意欲を高めるとともに，心理的安全性の高い環境づくりが必要となります。

事例3：コンテントとプロセスを意識させる課題設定

　この事例では，台湾と日本の学生が一緒に町おこしを企画・実施します。学生が自分の学びとして，主体感と充実感をもってこの機会を受け止めているようで，学生からは「本当にやって良かった」という感想が聞かれます。一方で，町おこしというテーマから，グループによってはただの遊びで終わっているところもあり，取り組む姿勢によって学びの質が大きく変わってきます。つまり，交流体験のプロセスから学ぶ観点をもてないまま，コンテントだけの学びで満足している学生がいるということです。人によって気づきや学びのレベルが違っているのは，プロセスから学べるスキルが一定ではないことが課題だといえます。

事例4：留学生との共修授業の意義と制度化

　多文化間共修授業の取り組みとして，これから海外留学する学生が，留学生に直接日本での生活について聞き取りをすることで，実際にどういう経験をしてきたのか，どんな気づきがあったかを知る

ことで，海外派遣留学準備の一環として活かしています。留学生の目を通して日本や日本文化のイメージを聞くことは，あらためて自分たちの文化を理解するという学びにもつながりました。価値観や視点の違いなど，目に見えない部分についても気づきが得られたようです。

　毎年この授業を実践する上で難しい点は，受講生として安定的に留学生を確保することです。国内学生と留学生数のバランスや在籍状況などから，実際にカリキュラムとして制定することの現実的な難しさもあります。例えば，在籍する留学生が少ない大学などでは，学外から留学生を招聘する必要があります。

事例5：グラウンドルールの活用

　多文化間共修環境では，よく「人任せにしてしまう学生」「熱意のあるリーダー」「どうしてよいかわからない学生」といったかかわり方の特徴の違いが出てきます。そして，熱意のあるリーダーが先走ってしまうと，他のメンバーは受け身になったり，タスクから遠のいてしまったりし，グループ内で能動的な連携が生まれにくくなります。また，それを改善しようとして，リーダーがメンバーに役割を与えると，タスクは進むけれど，メンバーは与えられた役割しかやらなくなり，グループ内コミュニケーションのプロセスを通した学びが失われます。その改善策として，授業のはじめに，学生自身がプロセスからの学びに意識を向けられるよう，グループ内コミュニケーションのグラウンドルールを全員で作ることを試みています。

事例 6 : グループメンバーの対等性

　ディスカッションを中心とした多文化間共修授業で，共通言語として英語を設定したら，英語での議論に慣れていない学生が十分参加できず，議論が留学生中心になってしまったことがあります。また，本人たちにグループ分けをまかせると，言語によってメンバーが偏ってしまうこともあります。授業で使用する言語運用能力によって，グループ内で上下関係ができてしまうことがあり，グループメンバーがコミュニケーションを取る上でお互いに対等だと感じる関係性を築くことが課題です。

　このように，多文化間共修の実践にはさまざまな課題があり，それらを乗り越え，効果を高めるための工夫がされてきました。この中には，おそらく皆さんが共感される部分もあったのではないでしょうか。また，多文化間共修実践においては，学習者にとって外国語が教授言語となることが多く，それに関わる難しさがあります。次の節では，これらの課題と解決策について，Q&A の形で紹介していきます。

第 2 節　多文化間共修における外国語使用

　多文化間共修の場で外国語を使用言語とする場合，どのような課題があり，どのように工夫して乗り越えられるでしょうか。

> Q1：受講生の間で言語レベルの差があります。また，一部の受
> 講生がお互いに母語で話し始めてしまうことがあり，全体で
> の議論が進まないことがあります。どうすれば良いでしょう
> か。

A1：一部の受講生が母語で話してしまい，周りの人が取り残され
るという状況は，よくあります。最低限周りの人が疎外感を感じる
言語は使わないことなど，言語使用のルールについて明確に伝える
必要があります。例えば2人で話すときに，その2人がわかる言葉
であれば問題ありませんが，3人で話すときに1人でもわからない
状況が発生したら，その都度指摘します。その場にいる人みんなが
コミュニケーションに加わるためにどうしたらよいのかの工夫につ
いて，常に考えさせます。15回の授業のうち最初の5回ぐらいは，
こういったことを継続して伝えます。それが，次節で説明するオー
ルポートの4つのルールの一つ，「制度的なサポート」という観点
から，私たち教員が果たす役割だと思っています。

　また，教員が言ったことを理解できてなくても，そのことを伝え
られず，黙って静かに座っている学生もいます。そのような状況に
対しては，議論に入る前に全員が指示を理解できているか確認し合
うことを勧めます。グループメンバーの誰かが理解していなければ
サポートしあうことをルールとし，「協力して学ぶ」という多文化
間共修の基本的な姿勢を理解させます。

　加えて，授業を設計する時，その授業で求められる言語レベルを
明確にした上で，学生が適切に自己判断をするための情報をシラバ

スに詳しく明示することも重要です。例えば，立命館大学の異文化交流科目群については，言語要件を4段階に分けて示しています。英語のみで行うために一定の英語力を必要とするものもある一方，エントリーレベルとして日英両言語を使う授業では，言語レベルの制限を設けず，「お互いに協力してコミュニケーションを取る姿勢」を求めています。もちろん両言語ができる学生もいますし，どちらかしかできない学生もいますが，お互いに協力して学ぶことに主眼を置いています。

　授業運営上とても大切なことは，例えば，日英両言語を使用するとシラバスでうたっている場合，教員が徹底的に両言語で話す，ということです。日本語で言ったことは，必ず同じ分量で英語でも言う。英語で言ったことは同じ分量で日本語でも言う。そうすると，日英両語が対等になりますし，日本語学習者にとっても英語学習者にとってもわかりやすく話そうという意識を高めることができます。お互いに言語文化の差異を乗り越えて理解しあえるコミュニケーションのあり方を学んでいくことが，この授業の目的の一つです。

Q2：授業を英語・日本語併用にした場合，日本語話者である学生がはじめに母語である日本語で話してしまうと，そちらに流れてしまって，英語に切り替えるのが難しくなるようです。逆に，完全に英語にした場合にも，運用能力の差によって発言が出なくなってしまうこともあります。母語を含めて複数言語を使用する授業環境で，どうすれば学生の発言を促すことができるでしょうか。

A2：日英両言語を使用する授業を進めていくと，面白い現象が起こります。まず，そのような授業を履修する日本の学生の多くは，英語を練習したいという動機をもっています。英語を上達させるための授業ではないとシラバスには書いていますが，英語を使いたいという気持ちで受講する学生は少なくありません。しかし，何回か授業をやっていく中で，あるとき学生は大きな気づきを得て，こう振り返ることがあります。「日本に来ている留学生は日本語を使いたいと思う。だから，私が自分の練習のために英語を使うことはとても自己中心的なことだと気づきました。日本語と英語をどちらもバランスよく使いたいと思います」。それがもう一歩進むと，「自分の母語である日本語をわかりやすく話すことは，とても難しいことがわかりました。母語をわかりやすく話すこともグローバルなコミュニケーションで大事なことなのだと思います」という気づきにつながります。

　このように，多文化間共修環境においては，多言語使用によるコミュニケーションの試行錯誤と相互調整を通して，その場にいるメンバーがもっとも適切な言語の使用バランスを考え出す学びを生み出すことができます。例えば，日本語母語話者には，日本語学習者に対してわかりやすく話すというスキル向上をねらえますし，他の外国語でも同じことがいえます。自分にとって楽な言語に傾かせるのではなく，相手がなぜその言語を使いたいのか，自分はそれにどう応えたいのか，多面的に考えさせるような働きかけがあるといいと思います。

　授業の場合，毎回グループを組み替えてディスカッションをさせ

ることで，日本語力と英語力が異なるメンバーと出会い，毎回異なる組み合わせを経験することができます。授業を重ねていくと，学生たちが慣れてきて，新しいメンバーと組むたびにまず自己紹介をして，それぞれの日本語力や英語力を推し量りながら，お互いの言語状況を確認しながら始めるようになります。それができるようになると，お互いに排除しない関係作りやコミュニケーションの場ができていきます。

　また，授業の趣旨として，自己理解・他者理解を目指すねらいを強調することも，コミュニケーション促進につながります。教室にいる一人ひとりのことをもっと知っていこうとする気持ちをどのように高めていけるか，また，そもそも何を知りたいのか，もう一度学生同士で話し合うことで，それらを達成するためには，どちらかの言語にこだわるのではなく，より柔軟に言語を切り替えていくことの重要性に気づかせることができます。例えば，学生からは「なるべく頑張って英語で話すけれど，自分の考えをしっかり伝えて理解してもらいたいから，日本語で話すことも時として必要」「核心の部分をしっかり伝えたいときは，日本語でもいいと思います」というような意見も挙がります。さらに，教室で話し合われるトピックを事前に共有しておき，参加者が議論の準備ができるようにすることも効果的です。例えば，グループプレゼンテーションであれば，発表者があらかじめオンライン掲示板にトピックを投稿しておくことで，他の受講生はそれを読み，自分の考えをまとめ，関連するボキャブラリーを自分なりに予習できることができます。このような多文化間共修授業の効果を高めるためのアイデアは，学生自身が考

えて出し合うこともできますので，自分たちがこの授業でどうした
いのか，一度立ち止まって，あらためて自分の学びのあり方につい
て話し合う時間をセメスター中盤に最低 1 回は取ることも効果的
です。

Q3：多文化間共修授業において，学生によってディスカッショ
ンに向かう姿勢が違うように感じます。例えば，欧米の学生
がどんどん意見を言って進める一方，日本の学生が静かに聞
いている状況があります。文化の違いによって，ディスカッ
ションがうまくいかないことや，特定の人たちが発言する機
会が失われることがあると思いました。そのギャップをどの
ように埋めるのが良いでしょうか。

A3：コミュニケーションスタイルやディスカッションに向かう姿
勢のギャップは，それ自体を学びのきっかけとして活用することが
できます。例えば，全 15 回の授業において，授業の最後にその日
の自分の状況を振り返り，コミュニケーションの観点から気づいた
ことや疑問に思ったことをコメント用紙に書いてもらいます。その
中で「今日は全然意見が言えなかった」「意見が言えなくて悔しかっ
た」というような意見が出てきます。そのディスカッションで自分
が意見を全然言えなかったこと，もしくはものすごくたくさん言え
たことなど，出てきた感想を，次の授業の冒頭で受講生全体に共有
します。

　そしてその感想についてどう思うか，学生に問います。そうする
と，「自分は言いたいことがあっても全然言えなかった。悔しかっ

た」と思っているメンバーがいることを知り，しゃべり倒していた
学生が少し反省することがあります。「え，そうだったの ?!」とい
う気づきです。彼らは，静かに耳を傾けてくれていた学生が，実
は頭の中に意見をもっていて，話せなくて悔しい思いをしていたこ
とを知って，驚く訳です。それをきっかけに，自らのコミュニケー
ションのあり方を考え直します。そういったことを毎週繰り返して
いくと，お互いのコミュニケーションのあり方や見えない部分での
心理的状況への理解が深まっていきます。

　その結果，ある授業では，それまで活発に発言していた学生が
すっかり静かになってしまった回もありました。言いたいことを我
慢して，じーっと観察しているのがよくわかりました。そこから何
を感じたか，それによってグループメンバーの発話がどのように引
き出されたのか，振り返って気づきを深めることで，貴重な学びに
つなげることができました。また，ファシリテーターとしては，そ
れぞれの学生が試行錯誤できる時間を与え，プロセスを温かく見守
ることも必要です。

Q4：学習中の外国語で話すとき，文法的な間違いを恐れてまっ
　　たく話せない学生がいます。自信を持って発言してもらうに
　　はどうしたらよいでしょうか。

A4：外国語を使う時，間違えるのが嫌という気持ちは誰にでもあ
るものだと思います。この気持ちをやわらげるために，「この教室
にいる人は全員外国語学習者である」ことに気づかせ，共感につな
げます。どの言語であっても，外国語を勉強するというプロセスで

経験することはみんな同じで，うまく使えなくて悔しい思いをする時期は必ずあるわけです。「今たまたま到達してるレベルが違うだけで，今はすごく上手な人もつらい時期を乗り越えてきてるから，お互い共感できるよね」「ビギナーが躊躇する気持ちに対して，お互いに温かいまなざしをもとうね」と頻繁に言います。ですから，間違えても誰も馬鹿にしないし，助け合い，応援しあえるようになります。間違えたり，修正したりすることが，言語力を向上させるために必要なプロセスだということを学習者に理解してもらうことが有効です。

Q5：グループディスカッションで学生がなかなか意見を出せず，
議論を深めるのが難しいです。

A5：議論が深まらないのは，話し合われているテーマについての情報量に偏りがあるからかもしれません。例えば，社会的な問題について議論をさせるときに，いきなり「フードセキュリティについてどう思いますか」と言われても，意見をすぐ出すことは難しいです。学びの多い議論にするためには，前提となる知識が必要ですが，それまでの教育歴や学んだカリキュラムは学生によって多様ですので，「知っていて当たり前」という前提を問い直す必要があります。

　日英両言語で行う授業では，両言語で情報を提供する必要があります。いずれの言語にしても，何らかの情報を事前にきちんと与える，または自分で調べる課題を出すなど，議論を深める準備をさせるとよいでしょう。

　ただ，議論の深さをどこまで求めるかということは，私たちが教

員としてディスカッションの中身や意見（コンテンツ）を重視するのか，それともグループ内のコミュニケーションのあり方（プロセス）から学ばせるのか，そのバランスの設定は，授業の狙いや目的によると思います。

Q6：私は今大学生です。英語のみを使用する授業をとった時，まだ英語が苦手な受講生が多く，先生から「ディスカッションをしてください」と言われたものの，何をディスカッションするのかわからないことがありました。みんなもうまく英語で発表できるかどうかという心配が大きくなってしまい，議論の内容が浅くなってしまいました。先生と生徒の英語力のギャップがとても大きいことが課題だと思います。そのギャップはどのように埋められるでしょうか。

A6：この状況は，教員が学生の状況をうまく把握できていないということではないでしょうか。英語を教授言語とする授業では，自分の英語が正確であればそれでいいと思っている教員もいるようです。でもそれは，教育効果を高めるという観点からは，間違っています。学生の言語状況と到達目標のバランスを見ながら，ある程度教員自身が表現を調整しなければなりません。もし，まったく調整なしで英語を使用するのであれば，事前に示すシラバス等で必要な言語レベルを明記しておく必要があるでしょう。

　教員は，学生が「わかりません」と示してくれることを歓迎し，コミュニケーション向上のきっかけと捉えることが大切です。しかし，学生の立場からは言いづらいことでもあると思うので，私たち教員が，学生の様子を意図的に把握しようとすることが必要です。

　また，学生の「わかりません」にも 2 つの状況が考えられます。一つは，教員が言っている英語なり外国語が理解できない場合。もう一つは，言語にかかわらず，言われていることの意味が理解できない場合です。この 2 つの状況が両方重なってしまうと，学生は対応できなくなります。ですから，少なくとも，翻訳さえすればその意味がわかるよう，ポイントを明確にした指示を出すことが重要です。

　参考までに，『大学教員のための教室英語表現 300』（中井，2008）では，英語を使って授業をするときに，クラス運営に必要で効果的な表現を紹介しています。大学教員は，英語での研究発表ができても，クラス運営をするための英語を知っているわけではありません。この本では，大学教員が双方向での対話的なクラス運営をすることを前提とした英語表現を盛り込んでいます。また，学生にとってわかりやすい指示となるよう，平易な英語表現に徹しています。

　一方，学生の側で使える英語表現集として，『大学生のための教室英語表現 300』（中井，2009）があります。「わかりません」「私はこれを理解できてないのでもう一回言ってください」というような表現も含めています。英語での授業履修に慣れていない学生は，本当に小さな一言，例えば「I see.」という返し方にしても意外と知らず，ネックになっているケースもあります。コミュニケーションを促進するためのちょっとした表現や，使いやすいフレーズを教えることは有効です。

Q7：学生たちの「わからないフラストレーション」をケアする
　ことが難しいです。例えば，英語でのグループワークで，ど
　うしても英語で表現できず，日本語話者が日本語を使う場面
　が出てきます。その場合，日本語をわからない学生がいるの
　に日本語を使わざるを得ないことで罪悪感を感じ，そのこと
　は学生の自尊心にも影響するようです。そうしたフラスト
　レーションへのケアはどのようにしたらいいでしょうか。

A7：授業がわからないことへのフラストレーションは，学生のモ
チベーションにも大きく影響します。自信をなくしたり，そもそも
授業への関心が薄れることにもなりかねません。先にも述べたよう
に，教員としてできるのは「他人と否定的に比べないこと」と「自
分の成長に注目すること」を繰り返し伝えることです。

　具体的なアプローチとして，先週の自分と今週の自分を比べてど
うだったかを振り返り，どんな成長をしたか理解させます。先週よ
り少しでも向上していれば「よし」とする。自分なりの成功体験を
自覚することはとても大事ですので，やるべきことに一生懸命取り
組んで自分を伸ばそうとしてきたか，先週の自分と比べて何かしら
向上しているかに注目するよう伝えます。

　またフラストレーションについても，毎回の振り返り用紙に，率
直に書いてもらいます。第4節で紹介する3カ国を回るプログラム
（ACLS）では，メインの使用言語は英語ですが，日本語，韓国語，
中国語が母語の学生がほとんどです。そのため，振り返り用紙には，
悔しい思いや自分がつまずいていることを含め，本心を正直に書い
てもらうために，英語・日本語・韓国語・中国語のどれでも書いて

も良いことにしています。その解釈は，それぞれの言語がわかる教員間で協力して共有します。

 第3節　オールポートの社会接触仮説

　多文化間共修は，異なる文化的背景を持つ者同士が交流し，相互に学び合うことをねらいとしています。では，どうすればそのねらいを達成することができるでしょうか。ここでヒントとなるのが，オールポートの社会接触仮説（Allport, 1979）です。これは1954年に初版発行された『The Nature of Prejudice』（邦題：偏見の心理）という本の中で展開された仮説です。この仮説を，異文化間交流を通して学びを最大化し，個人間，異文化間の相互理解につなげるための環境設定に応用できます。

　オールポートは，異なる文化グループが集団として接触するときに，お互いの偏見を除去するための環境作りが大事であり，それには以下の4つの条件があると指摘しています。

① 　メンバーが目標を共有していること
② 　グループ内で協力するということ
③ 　メンバーの立場が平等であること
④ 　制度的なサポート・ルールなどが保証されていること

　1つ目の「メンバーが目標を共有している」というのは，その場

にいる人たちが集団としてのゴールを理解し，皆がそのゴールに向かえる設定をすることです。例えば，授業のはじめに「この授業では，異なる言語文化背景をもつ学生同士が，ディスカッションやプロジェクトでの協働を通して，異文化間コミュニケーションについて体験的に学ぶことを目指します」というゴールを示す，ということです。

　2つ目の「グループ内で協力する」ということは，その集団の価値観として，競争ではなく協力を目指すことを全員が理解し，そのための仕組みを授業に組み込むことです。例えば，授業の初めに，「協力して学ぶためのコミュニケーションのあり方は？」という問いを立て，この授業におけるグラウンドルールを学生に考えさせる，ということです。

　3つ目の「平等であること」については，学生の立場によって起こりうるパワーバランスに注目することが必要になります。例えば，留学生と国内学生が授業に参加している場合の人数構成を考えてみましょう。40人の中で30人が日本人学生で，10人が留学生である場合，どのようなパワーバランスが生じるでしょうか。さらに，言語に関する平等も考える必要があります。例えば日本語だけを使う場合，日本語が母語ではない人にとってどのような影響があるでしょうか。このような学生間のパワーバランスを解消し，できるだけ平等な環境を作り出すために，授業の設計段階においてこの点を工夫することができます。また，完全に平等な環境を作り出すことは不可能ですから，指導者がその点を十分に配慮したファシリテーションを行うことが求められます。

　4つ目の,「制度的なサポート・ルールの保証」についても考え
てみましょう。授業でいえば, シラバスが制度的なルールを示すも
のとして挙げられます。シラバスにいろいろなルールを書き込み,
教室内のコミュニケーションのルールや学びのガイドラインなどを
明記することができます。例えば,「授業に関して教員やTAに相
談できる」とシラバスに明記してあれば, 学生は「制度的なサポー
ト」として教員やTAへの相談機会が保障されていることを理解
します。また, 経験学習理論に基づく授業展開をする場合, 学生に
よっては体験型であることに対して抵抗があり, 本人の学びの期
待との間にギャップが生まれることがあります。さまざまな学生の
傾向を踏まえ, 授業の意図や学びの意図を明確に言語化して示す
よう, シラバスを活用することは有効です。

　さらに,「制度的なサポート」を保証する立場の教員であっても,
自身の発言が, たとえ悪気がなくとも, 学生に違和感や不快感をも
たらすこともあります。その場合は, 教員自身も間違いを認め, 修
正しながら進める姿勢を見せることが重要になってきます。文化的
背景が多様な空間の中で, 教員も一人の人間です。教員も, 学生と
ともに学ぶ立場であるというメッセージをこめて, 学生と教員の間
でも何かあれば遠慮なく伝えること, というルールをシラバスに含
めることで, 学生間はもちろん, 実際に指導者として関わる私たち
と学生の関係も, 対等であることを示すとともに, 信頼関係を構築
する基盤をつくることができます。

第4節　多文化間共修プログラムのケース紹介

　ここでは，実際に行われている多文化間共修の事例のうち，海外
協定校と共同で開発したケースを2つ紹介します。どちらも，学生
だけでなく，教員間の多文化間共修をしっかりと行うことがプログ
ラムの基盤を作っていることがわかります。

(1) ACLS（Asian Community Leadership Seminar）

　ACLS は，立命館大学において 2016 年から 2019 年にかけて実施
された3週間の短期プログラムです。このプログラムでは，立命館
大学，韓国の慶熙（キョンヒ）大学，台湾の淡江（タンコウ）大学か
ら 10 人ずつ集まり，30 人の学生が，3 週間一緒に学びます。3 週
間のうちの1週目は，韓国と台湾から学生が来日し，立命館大学で
ともに過ごします。2週目は，全員で韓国に渡り，3週目には台湾
にわたる形で，プログラムが継続します。

　現地では1週間に一つのグループ・プロジェクトを，日本，韓国，
台湾の混合グループで行います。所属大学は3大学ですが，実際に
国籍を見ると，より多様です。例えばアメリカから立命館に留学し
ている正規学生が参加することもあります。そのような多文化グ
ループで3カ国を回ります。グループ・プロジェクトを進める一方
で，現地の教員から講義を受けたり，フィールドワークを行います。

　このプログラムの設計においては，体験学習の循環過程が強く意
識されています。経験を振り返ること，感情も含めて自分を見つけ，

気づきにつなげることは，必ずしも簡単なことではありません。とりわけ，これまでの教育経験の中で，知識ベースの正解を求めることで評価を受けてきた場合，プロセスを振り返って学ぶというスキルが身についておらず，自身の感情的な変化や反応など，気にも留めないことが多いのです。このプログラムでは，頭で理解できることだけでなく，感情的な反応や行動面での変化に気づくことにこそ価値があるということを，1週目プログラムの中で学習者に理解させることが肝心でした。

　学生に伝える学びのポイントは，以下の4つです。まず，このプログラムは「体験学習に基づく（experiential learning）」ということです。つまり，体験から学ぶために，体験を振り返ることが大事です。体験を振り返るというのは，自分の心の動き，それから行動，何をしたかということも含めて振り返ることを指します。次に，「多文化の学び（cross-cultural learning）」です。異文化間の違い，特に見えない違いに意識をむけ，発見することです。さらに，「協働学習（collaborative learning）」，つまりお互いに協力して学ぶこと，学びは競争ではなく協力だということです。最後に，これは「PBL（Project-Based Learning）」で，プロジェクトを通じて学ぶということです。

　この4つの学びについては，プログラムのハンドブックで，学びのガイドラインとして強調しています。この4点を明文化することは，慶煕大学と淡江大学の教員との間で学びの指針とプログラム設計の趣旨を合致させるために必要でした。また，学生には，3週間のプログラム終了後，改めて振り返りをするので，そのときに自分

の心の動き，自分の行動の変容を振り返ることができるよう，よく注意を払っておくよう事前に伝えます。

　また，このプログラムは，先ほどの社会接触仮説と照らし合わせると，メンバー間の対等性が保証されています（Horie, 2014）。3大学から同じ人数で集めていることが一つのポイントです。また，全員が仲間を自国で受け入れる立場を経験するという点においても対等性が確保されています。まず日本に集まったら，日本の学生が迎え入れる側として，韓国・台湾からの学生の生活をサポートします。その後に韓国に行くと，今度は韓国の学生がホストとなって，日本と台湾の学生がゲストになり，役割が反転します。最後に，台湾の学生がホストの役割を担うということで，三者がそれぞれホストの立場もゲストの立場も経験します。さらに，基本的に全員が英語を外国語として使用するので，得意不得意はありますが，言語面でも比較的平等にできています。学習者にとって決して楽なプログラムではありませんが，お互いの強みも弱みも見せ合いながら，コンフリクト状況もみなで協力して乗り越えることで，深い学びにつながっています。

(2) APU-SEU Gateway プログラム

　APU-SEU Gateway プログラムは，立命館アジア太平洋大学（APU）とアメリカのセント・エドワーズ大学（SEU）の間で行われた多文化間共修プログラムです。SEU の教員が SEU 学生を引率して，2カ月間 APU に滞在しながら，日本語・日本文化および特定の専門科目を APU 生とともに学びます。また，学生だけでなく，

APU と SEU の教員が一緒に授業を開発しますので，このプログラムは教員間の多文化協働も必須となる取り組みでした。

　SEU からの引率教員は毎年バックグラウンドが異なり，異文化間コミュニケーションの研究者もいれば，政治学の研究者もいました。それぞれの教員とともに協働授業のテーマを一から話し合い，教員同士で協力してシラバスを作り，授業も両者で同時にファシリテートしました。

　授業における学生の学びだけでなく，授業準備を進める教員の協働作業を通しても興味深い気づきが得られます。例えば「アイデンティティ」という言葉の解釈は専門分野によって違うことに気付き，そのことを授業内容に反映させたことがありました。自分が当たり前のように使っているキーワードの定義や解釈は必ずしも相手にとっては当たり前ではないことを，教員も自ら学ぶ機会となりました。

　また，APU と SEU のそれぞれの学生の視点に立って状況を解釈し，アドバイスし合える良さもありました。例えば日本人学生が発言をしないことの背景について，APU 教員の視点から SEU 教員に解説をすると，SEU 教員もまたアプローチを変えることがあったり，もちろん，逆のパターンもありました。

第5節　多文化間共修の課題と展望

　最後に，多文化間共修を実践する私たちが引き続き検討すべき課

題を3点あげたいと思います。まず1つ目の課題は，私たちが教室内の文化的多様性をどう捉え，学習者にどう自己を表現させるかということです。例えば，共修授業において，私たちが留学生対日本人学生という二項対立を強調しすぎると，「日本人学生は○○だ」「留学生は○○だ」といったステレオタイプを助長しかねません。それによって，学習者が個人として持ち合わせている文化的多様性を十分表現できず，一人ひとりが育んでいる多様性への気づきを促す効果が得られません。私たちはあくまでも個人の多様性に寄り添うよう心がける必要があります。

　2つ目の課題は，多文化間共修を実践する私たちが，その教育的意義や効果を概念的に理解し，説明できる必要があるということです。体験型の学習をともなう多文化間共修は，経験した人にはその意義が伝わりやすいのですが，全く知らない人に対してわかりやすく言語化することは簡単ではありません。多文化間共修の実践を広めるために，私たち実践者自身がその教育的意義や効果を理解し，説明する言葉をもつ必要があります。

　3つ目の課題は，多文化間共修を実践する中で，学生に問いを立てる私たちこそが，異文化感受性を高める必要があるということです。私たちは，授業実践において，自分の異文化感受性のレベルを超えた状況を認知することはできません。教員よりも学生の異文化感受性が高い場合には，その学生をさらに伸ばすことには限界があります。教員が自らの異文化感受性を高めるために，常に自分のものの見方を相対的に捉え，物事を多面的に理解するよう努めることが効果的です。自分自身の振り返り力を常に磨き，多様性に対する

アンテナを高くもてるよう，私たちも学習者とともに学ぶ立場であ
ることを忘れないでおきましょう。

（筆内　美砂・堀江　未来）

【引用・参考文献】

坂本利子・堀江未来・米澤由香子 (2017)『多文化間共修―多様な文化背景をも
つ大学生の学び合いを支援する』学文社.

末松和子・秋庭裕子・米澤由香子 (2019)『国際共修―文化的多様性を生かした
授業実践へのアプローチ』東信堂.

中井俊樹 (2008)『大学教員のための教室英語表現 300』アルク.

中井俊樹 (2009)『大学生のための教室英語表現 300』アルク.

Allport, G. W. (1979). *The Nature of Prejudice*. 25th Anniversary Edition.
Addison-Wesley Publishing Company.

Arkoudis, S., Watty, K., Baik, C., Yu, X., Borland, H., Chang, S., Lang, I., Lang,
J., & Pearce, A. (2013). Finding Common Ground: Enhancing Interaction
between Domestic and International Students in Higher Education. *Teaching
in Higher Education*, *18*(3), 222-235.

Horie, M. (2014). Internationalization of Japanese Universities: Learning from
the CAMPUS Asia Experience. *International Higher Education*, *78*, 19-21.

Leask, B. (2009). Using Formal and Informal Curricula to Improve Interactions
Between Home and International Students. *Journal of Studies in
International Education*, *13*(2), 205-221.

Column 7

✏️ボトムアップで国際化を進める方法

　大学の国際化において，多文化間共修（文化背景の異なる学生同士の学び合い）の促進は不可欠です。私がその役の一端を担っていた時，まずは学内で「多文化間共修」「日本人学生と留学生の学び合い」という考え方を広めるための作戦を，同僚と練りました。

　どのように大学全体にこの価値を伝えていくのか。多様な学部があり，大勢の教職員・学生に，「さあ，学び合おう！」と呼びかけてもなかなか伝わるものではありません。ましてや，大学全体の方針としてトップダウンで呼びかけても，その本当の価値が伝わらなければ，良い実践にはつながりません。

　そこで，私たちは，時間をかけて，ボトムアップに徹することにしました。まず，全学に呼びかけて，「多文化間共修」に関する情報交換会を開きました。夕方の業務時間外でしたが，90 名を超える教職員がオンラインも含めて参加してくれました。議論は盛り上がり，「キャンパス内での文化的な多様性が十分教育活動にいかされていない」という基本的な問題意識が共有できました。また，このテーマに興味のある教職員が，あらゆる部署にいること，そして，一人ひとりがばらばらな状態で同じ方向に向かって奮闘していたこともわかりました。そして，この時の参加者リストは，各学部や事務室でそれぞれに「多文化間共修」を普及していくための貴重なネットワークとなりました。

　その後，同じテーマでスピーカーを変え，各部署での実践を紹介する形で数回，同様の情報交換会を繰り返しました。この取り組みを通じて「多文化間共修」の意図や方法論の説明を繰り返すことで，私たちは，お互いにわかりやすい言葉で目指すものを言語化できるようになりました。そして，こうして仲間を得た教職員は，それぞれの立場で少しずつ実践を積み重ねていきました。

　2 年ぐらい経ったころ，ある会議の場で「留学生と日本人学生の学び合いを促進するために…」という発言を聞きました。全く予期しない場所で，思わぬ角度からの発言でした。自分たちで発信してきた考え方を，

Column 7

他の人から聞く。しかも，その人の気持ちとして。これは，私たちが普及させようとしてきた「多文化間共修」という考え方が，一周回って自分のところに帰ってきた，つまり，ある程度広まったことの現れでした。私と同僚は，手を取り合って喜びあいました。点が線となり，面となったと感じた瞬間でした。その後，教養科目の中に「異文化交流科目群」が設定されるなど，文化的背景の異なる学生同士の学び合いは，さまざまな場面で広く実践されるようになりました。

（堀江　未来）

Column 8

🖊遊び場における多文化間共修？

「タッチ！」

「オメーは入ってねーだろ！」

　勝手に鬼ごっこに入ってきた年長児に，小学4年生が大きな声で言った。ドキリとして振り返る。が，年長児はあっけらかんと言う。

「入ーれーて！」

　4年生は一瞬たじろぎながらも答える。

「あ，うん，いいよ」

　いいよの"よ"を言い終わる前に，2人は一緒に走り出した。

　以前，私はプレーパークと呼ばれる遊び場のスタッフをしていました。そこには0才から中高生まで幅広い世代の子どもが遊びに来るのですが，年齢や学校に関係なく一緒に遊ぶ光景が，日常的に見られました。大人になれば年齢や学校など大した違いではありませんが，子どもにとっては大きな違い。それぞれの当たり前，やりたいこと，できることが絶妙に違うので，トラブル寸前のシーンもたくさん目撃しました。

　冒頭の鬼ごっこのときも，私がほっと肩を撫で下ろしたのも束の間，次のジャンケンでは年長児が負けました。「鬼が固定されてしまうのでは！？」との不安が沸き起こったその瞬間，4年生の一人が鬼に名乗り出ました。そして何事もなかったかのように，鬼2人体制で鬼ごっこが再開されたのでした。どうしたらみんなで楽しく遊べるのか，わかっているかのような行動で，私の方がポカンとしてしまいました。

　異文化理解，多文化間共修などというと，ついスケールの大きな"文化"に目が行きがちです。しかし，私が毎日見ていた子どもたちの間にも，確実に"文化"の違いが存在していました。また，文化の違うメンバーで一緒に遊ぶ中で，さまざまな能力を身につけているように見えました。身近な異文化に目を向けて，そこから学んでみるのも面白いかもしれません。

（大野　さゆり）

第4章

日本国内の国際教育交流政策と海外留学の分類

第1節　大学の国際化と海外留学

　2010年前後から継続する「大学の国際化」に関わる政策の後押しを受け，さまざまな高等教育機関で海外留学プログラムが活発に実施されるようになりました。2020年から始まったコロナ禍で一時中断したものの，状況の改善に伴い，また急速に再開しています。「大学の国際化」という言葉は，1980年代以降，「大学の使命・機能（教育，研究，社会貢献）に国際的，異文化的，そしてグローバルな特質や局面を統合する多面的・多角的な過程」（Knight, 2004）と定義されました。さらに，デウィットとハンター（De Wit & Hunter, 2015）によって，国際化が「教育・研究の質的向上と社会貢献のための意図的過程」として再定義されました。以降，大学の教育研究機能の高度化，国際競争力の強化，そして，国際化を通じて国内外での社会貢献を図るために，同分野の研究・実務者が幅広くこれらの定義を支持し，活動を行っています。日本も例外ではありません。

　1980年代から現在に至る日本の「大学の国際化」政策の大きな流れには，以下の特徴が挙げられます。

1. 戦略の変化：「留学生受入れ」を中心とした国際化政策から，「研究における国際競争力向上」「日本からの海外派遣」「包括的双方向交流の促進」等重層的な政策展開へ
2. 目的の変化：「人材育成を通した国際協力・貢献」から「日本の国際競争力向上」へ
3. 対象国の変化：原則的に広く多様な国・地域を対象としつつ，ある時点からは国策としての交流重点国・地域（東南アジア，中東，中南米等）が出現

　本章では，こういった変化の節目となった政策事業を概観し，現在の「大学の国際化」政策における海外留学プログラムの位置づけを明らかにします。

第2節　留学生受入れ推進から始まった日本の国際教育交流政策

　日本における「大学の国際化」政策は，戦後復興と高度経済成長を果たし，その後のオイルショック等の経済苦境を乗り切った1980年代から徐々に注力されるようになりました。当時の中心政策である「留学生受入れ10万人計画」（1983年）は，約1万人であった外国人留学生数を，2000年までに10万人に増やすことを目標と

し，人材育成支援を通して，諸外国に対する国際協力・貢献を目指しました。他国から留学生を受け入れ，人材育成に貢献することは，政治的・経済的発展を遂げた日本にとって，国際社会における新たな役割と責任を担うことになったということでもあります。この目標を達成するにあたって「専門部署の設置」「留学生寮の整備」「日本語教育の強化」「専門教職員の配置」などの対応策が講じられました。その結果，さまざまな紆余曲折を経て，この目標数値は2003 年に達成されました。その間，日本からの海外留学を支援する具体的な政策や事業等は，限定的な形で実施されていました。

　2000 年前半頃からは，学術・産業界からグローバル人材育成の必要性が叫ばれるようになりました。とりわけ，最先端分野の人材不足や，日本の研究者の国際競争力の低下などが指摘され，危機感が共有されるようになりました。この課題を解決するために，大学の国際化政策は，研究力強化を主眼としたものに移行していきます。2002 年以降，最先端分野の先導的人材養成として，世界的な研究教育拠点の形成と大学の国際競争力強化を目的に，幾つかの事業を開始しました（「最先端分野学生交流推進制度（2002 年）」「21 世紀COE プログラム（2002 年）」「グローバルCOE プログラム（2007 年）」等）。これらの事業を通して，国際的に活躍できる研究者の養成とその研究環境創出を目指しました。

　さらに，研究促進・交流が中心であった政策施行とは別に，日本政府は 2008 年に発表した「留学生 30 万人計画」を通して，外国人留学生を高度人材として受入れることで，産業界からの人材不足の懸念に対する解決策を見出そうとしました。このことから，国際協

力・貢献としての「大学の国際化」政策の目的が薄れ始め，代わりに「国家グローバル戦略」として日本の最先端分野発展とその人材養成，及びグローバル社会における日本の競争力を維持・向上するための目的に変容します。

 ## 国際競争力向上としてのグローバル人材育成

上記の流れを受けて，2010年前後には，グローバル社会における日本の人材育成と国際競争力強化のため，経済産業省や文部科学省などが「グローバル人材」について議論し，そのような人材像の明確化を通して育成施策の具体化を試みました。例えば，文部科学省 (2011) の定義では，「グローバル人材」とは，

　要素Ⅰ：語学力・コミュニケーション能力

　要素Ⅱ：主体性・積極性，チャレンジ精神，協調性・柔軟性，責
　　　　　任感・使命感

　要素Ⅲ：異文化に対する理解と日本人としてのアイデンティティ
を備えている人材を指しています。

2011年以降，グローバル人材育成を主目的とした政策として，「大学の世界展開力強化事業 (2011年)」「グローバル人材育成推進事業 (2012年)」「トビタテ！留学JAPAN日本代表プログラム (2014年)」等が次々と施行されました。

「大学の世界展開力強化事業」は，人口増加や経済発展が著しい新興国 (ASEAN，中南米，中東等) や，日本の将来の重要な政治経

済的パートナーとなり得る国・地域を対象に，教育・研究交流の推
進を目的としました。

　また，「グローバル人材育成推進事業」が 2012 年に開始され，42
大学（タイプ A「全学推進型」11 件（大学）およびタイプ B「特色型」
31 件（部局など））がこの事業に採択されました。5 年間の支援期間
を通して，外国語（英語）教育や海外留学促進等を含む，大学教育
の国際化が推進されました。この事業は，日本の若い世代の「内向
き志向」を克服し，国際的な産業競争力の向上や，国と国の絆の強
化の基盤として，グローバルな舞台に積極的に挑戦し，活躍できる
「人財」の育成を図ることを目的としていました。日本学術振興会
によれば，タイプ A では 36,500 人，タイプ B では 22,000 人の大学
生が海外留学したとの試算が出ています。さらに 2014 年には，「留
学生受入れ」「研究の国際競争力強化」「海外留学派遣」のさらなる
推進を通して，大学の国際化を総合的に進める「スーパーグローバ
ル大学創成支援事業」が，10 年間の事業として始まりました。こ
のように，各大学が政府の補助金事業の後押しを受けて，目標数値
を実現するための具体的な取り組みを通し，国際化を推進していま
す。また，コロナ禍を経て，オンラインプラットフォームのより積
極的な活用も視野に入れて，どのように派遣型の海外留学機会と融
合できるか検討も多くされています（例：大学の国際化推進フォーラ
ム）。

　このグローバル人材育成の一連の教育政策施行を受けて，総務省
が 2017 年に「グローバル人材育成の推進に関する政策評価〈結果
に基づく勧告〉」という報告書を発表しました。これは，2008 年頃

から「グローバル人材」像が明確化され，約10年経過した中で，教育政策効果がどの程度出ているのかを評価をしたものです。同報告書では，日本からの海外留学者数が増加していることは評価しています。一方で，多くの海外留学形態が短期間であり，企業側が人材として必要とする「長期海外留学経験者」との乖離が指摘されています。つまり，海外留学経験を持つ学生であっても，その経験が短期であるために，企業や社会で求められる素養を十分に備えるに至っておらず，そのための改善が求められています。短期留学という枠組で派遣者数を量的に拡大することができた今，教育活動におけるその位置付けを明確にし，学びの質を高めていくことが求められています。

　特に，コロナ禍が少し落ち着き，世界的な教育交流が再開したタイミングにおいて，2023年4月に日本政府（教育未来創造会議）が発表した「未来を創造する若者の留学促進イニシアティブ＜J-MIRAI＞」は，増加傾向にある短期留学から中長期の留学も含めた量的拡大を後押しするものになります。この提言では，2033年をめどに，日本人の海外留学派遣をコロナ前の倍である50万人に，そして外国人留学生の受入れを40万人にする数値目標を掲げています。この政策で初めて，留学生受入れの目標数値と海外派遣の目標数値が逆転しました。このように，今私たちは「大学の国際化」政策の大きな転換点にあるといえます。

第4節　海外留学の形態による分類

　前節の国際教育交流政策の流れから，日本からの海外派遣が重要な課題になっていることがわかりました。本節では，国内外の研究者が，海外留学をどのように分類してきたのかを整理し，紹介します。これまでの研究によると，海外留学は以下のとおり，主に4つの観点で分類されています。

①滞在期間別による分類（King, 2002）：

　a. 短期（例：単位取得目的）

　b. 長期（例：学位取得目的）

　c. 永住（例：就職，移住目的）

②移動ベクトル（縦と横の移動）による分類（Rivza & Teichler, 2007）：

　a. 縦の移動（Vertical Mobility）：今日の海外留学の主流であり，より質の高い教育・研究環境やキャリア形成を求めて，発展途上国から先進国に向かう動きを指す。

　b. 横の移動（Horizontal Mobility）：一般的には同じ教育・研究環境，または文化圏で行き交うものを指す。

③移動／滞在形態による分類（Brooks & Waters, 2011）：

　a. 戦略的に体系化された留学（Organized Mobility）：例えば欧州のエラスムスプログラム，交換留学など。

　b. 個人の意思による自発的な留学（Spontaneous Mobility）：例えば
　　休学による私費留学など。

④滞在目的による分類（手塚ほか，1980；井上，1996）：
　基本的に①から③に関連した分類（例えば学位取得型など）を用い
ながらも，さらに滞在目的に特化した形で，「地域研究型」「異文化
理解型」「文化学習型」を加えている。

　これらの分類から見えてくることは，海外留学にはさまざまな形
態があるだけでなく，それぞれが複数の要素を組み合わせて成り
立っているということです。さらに現在は，インターンシップ，海
外ボランティアなど，滞在目的や活動内容がいっそう多様化してい
ます。そこで，次節では，最近増加傾向にある海外短期研修のさま
ざまな種類とその目的についてみていきます。

第5節　海外短期研修実施形態の7タイプ

　海外短期研修を開発・実施する際，目的とプログラムの形態・内
容を的確に合致させることが大切です。また，学生の関心や需要に
沿って，効果的なプログラムを提供することも必要です。そこで，
海外短期研修の実施形態はどのように分類されるのか，チェッフォ
とシュペート（Chieffo & Spaeth, 2017）による7タイプと，それぞれ
の利点と検討事項・課題を紹介します。最後の表4.1も合わせて参

照してください。

　　海外短期研修実施形態の 7 つのタイプ

　　①教員引率型（Faculty-directed/-led Programs）

　　②注文型（Customised Programs and Program Providers）

　　③既存プログラム参加型（Direct Enrollment in Predesigned Programs）

　　④ハイブリッド型（Hybrid Customized Programs）

　　⑤学生交換型（Exchange Programs）

　　⑥コンソーシアム型（Consortium Programs）

　　⑦カリキュラム埋め込み型（Embedded Programs）

5.1　教員引率型（Faculty-directed/-led Programs）

　1 つ目は，教員引率型（Faculty-directed/-led Programs）です。このタイプは，教員の専門性を活かして研修内容を組み，学生に海外で学習・経験の機会を提供する形態です。したがって，教員が中心となって現地のネットワークを活用したり，ある程度の研修内容（授業，現地調査，学習進捗度等）の構築を担います。また，国際交流部（課）や国際センターが実施しているプログラムは，言語・文化学習に特化していることが多いため，学術分野の専門性が高いプログラムを作るために部局教員にお願いする場合もあります。例えば，筆者の所属大学では，中央アジアのウズベキスタンで教員引率型の 2 週間の研修プログラム（15 人程度）を提供していました。ロシア語に精通し，歴史学を専門とする教員の引率のもとで，現地学生との交流やフィールドワークを通して，参加学生らは中央アジア

とシルクロードの歴史・文化的意義を学習しました。

　教員引率型の利点としては，特定分野の専門家（教員）が引率することで，学生の専門知識が深まり，研修中の学びのプロセスが充実します。また，大学教員が引率することで，参加学生に安全面での安心感を与えることができます。

　課題としては，大人数で実施するプログラムには不向きなことです。また，教員の引率費用も必要になるため，学生が負担するプログラム費用が高くなる可能性があります。

5.2　注文型（Customized Programs and Program Providers）

　2つ目は，注文型（Customized Programs and Program Providers）です。おそらく多くの教育機関でもすでに実施しているのではないでしょうか。一般的に，留学や旅行に精通している企業，社団法人，NGO といった外部業者に委託して，プログラムを実施するタイプです。所属機関や学生のニーズに沿って，外部業者にプログラムを企画してもらいます。または，そのような業者がパッケージとして教育機関に提案することもあります。

　注文型の利点は，海外のネットワークが限られている小規模の教育機関でも，外部業者を通して現地のネットワークを活用できます。また，教育コンテンツやスケジュールの策定，そして危機管理の大半を外部業者が請け負うため，大学側の労力や事前準備の負担が比較的少ないのが利点です。

　ただし，検討しなければいけない点は，外部業者の選定プロセス，連携に伴う諸手続きです。例えば，外部業者の実績や委託側のニー

ズとの整合性は，実際に連携してみないとわからない部分が多々あります。そのため，他の教育機関からの評判などを聞きながら業者を選定する大学も多いようです。また，業者に依頼してプログラムを開発する際は，業者と教育機関との間で責任領域を記載した契約書を交わします。学内だけでも，法務室に相談したり，最終責任を担う上級役職者の承認を得たりするなど，契約書に関わる諸手続きは時間を要します。

5.3　既存プログラム参加型（Direct Enrollment in Predesigned Programs）

　3つ目は，既存プログラム参加型（Direct Enrollment in Predesigned Programs）です。わかりやすく言えば，派遣先大学が提供している既存のプログラムに，学生が直接申し込み，参加するタイプです。この場合，派遣元は研修内容やスケジュールを決める必要はありません。そのため，派遣担当者にとっては実施しやすいタイプです。

　この既存プログラム参加型の留意すべき点は，派遣先大学による既存プログラムであるため，柔軟性が乏しいことです。つまり，派遣側の要望に応じて，プログラム内容や期間を変更・修正することは難しくなります。もし，派遣側の要望でプログラムの内容と期間を変更したい場合には，「ハイブリッド型」として，既存のプログラムに加えて，その前後に独自に延長プログラムを企画・実施するなどの要望ができるかどうか工夫することが必要です。

5.4　ハイブリッド型（Hybrid Customized Programs）

　4つ目は，ハイブリッド型（Hybrid Customized Programs）です。

これは，受入れ側が提供するものと，派遣側がコンテンツとして組み入れたいものを合わせる形で，それぞれの得意な領域を持った関係者が連携しながらプログラムを構築します。この型では，注文型と既存プログラムの両方の利点を取り組むことで，学習要素・内容を柔軟に組み込むことができます。そのため，学生のニーズにあった，より充実した内容になりえます。留意点は，内容の組み立て等に関連した協議が多くなることです。また，学習要素・内容の選択肢が広がるため，学習活動を取り入れすぎると，費用がかさむことになります。筆者の所属大学で提供している米国の海外短期研修では，午前中は受入れ大学が提供する既存の語学学習プログラムを履修し，午後には，所属大学の現地事務所を拠点に，独自のコンテンツとしてフィールドワークによる実習を取り入れました。

5.5　学生交換型（Exchange Programs）

　5つ目は，学生交換型（Exchange Programs）です。これは大学などにおいて，学生交流協定に基づいて行われるもので，学期や年度単位で学生を交換する形式です。学生交流協定校間で短期研修プログラムを実施する場合は，1学期や1年ではなく，期間を短くして実施することもあります。例えば，2～3週間の研修プログラムの受入れ費用（渡航費，滞在費除く）を日本側で持った場合，日本から協定校に派遣する場合は，受入れ側が費用を負担することになります。別のタイプの学生交換型でいうと，「長期1人につき，短期3人」の交換条件で実施することもあります。例えば，日本から協定校に1学期間交換留学をする学生1人分を1クレジットとした時に，日

本が企画した短期研修プログラムに協定校から参加する学生3人分を1クレジットとして換算し，交流数のバランスを保とうとする学生交流の方法です。アジア方面から日本に受入れる場合だと，どうしても日本への受入れ人数が超過してしまうことがあります。日本側から派遣できないと，上述した取り扱いで学生交流を取り決めることがあります。人数や費用といったどの項目をもとに相互交換するのかは，派遣・受入れ機関の話し合いによって決まります。

5.6　コンソーシアム型（Consortium Programs）

　6つ目は，コンソーシアム型（Consortium Programs）になります。これは，複数の大学でコンソーシアムを形成し，そのネットワークのなかで短期研修を提供しあう，または合同でプログラムを構築するものです。コンソーシアム型の利点は，小規模の大学や海外協定校を多く持たない大学にとっては，このネットワークを利用して学生に海外留学の機会を提供できることです。一方で，各機関におけるコーディネーター間のコミュニケーションや調整が重要になるため，そこに一定の労力がかかります。代表的なものに米国のInternational Student Exchange Program（ISEP）があります。

5.7　カリキュラム埋込型（Embedded Programs）

　最後はカリキュラム埋込型（Embedded Programs）です。教員引率型と重なる部分はありますが，カリキュラムとして授業（科目）のなかに海外短期研修を組み込んでいる点が特徴です。筆者の所属大学の例を挙げると，農学部のプログラムでは，まず，学期中の授

業において，調査方法や，タイ・カンボジアの農業概要，仕組み，課題等を学習します。その後現地に向かい，約 10 日間，現地学生とともにフィールドワークを行います。事前授業から現地での活動を通して，専門知識の習得と，体験的・実践的学びの相乗効果を活かしたプログラム設計ができます。

　このように，特定のテーマについて，学期を通して学習した後，長期休暇もしくは学期中に海外研修活動を行います。学期中に行う場合には，海外研修の実施期間が短くなる可能性がるので，研修中に学習効果を上げるため事前授業等での入念な準備が必要でしょう

　以上，7 つの海外短期研修実施形態を紹介してきましたが，これらのタイプはそれぞれに重なり合う部分があります。海外短期研修のプログラム設計においては，7 つのタイプの特徴を参照しながら，多面的に検討するとよいでしょう。

第6節　海外短期研修のこれから

　本章では，日本における国際教育交流政策について概観し，その流れにおいて海外留学プログラムの重要性が増してきていることを確認しました。また，後半では海外短期研修に焦点をあて，プログラム設計・実施の参考になる概念を整理し，海外短期研修の 7 つのタイプを紹介しました。コロナ禍を経て，渡航型の短期研修だけではなく，オンラインでの交流や短期研修も多く行われるようになりました。今後も，海外短期研修にオンラインでの事前学習や交流も

表 4.1　海外短期留学実施形態の 7 つのタイプ

運営形態	利　点	検討が必要となる事項
教員引率型	・運営主体：当該教育機関が主体となる。教育指導、資金管理、その他運営に実務に従って、教育機関の方針を鑑みて運営することができる。引率教員は、プログラム担当を正式な業務の一環として位置づけられる。 ・カリキュラム：既存カリキュラムの趣旨に沿った形で設計することができ、単位認定が前提となる。 ・リスク管理：当該教育機関がプログラムの管理・運営を行うため、コストを抑制することができる。 ・その他：教員が海外研修経験を積むことで、当該教育機関の国際化を推進することができる。	・カリキュラム：担当教員は、学問的専門性を活かしつつ、状況や要件を鑑みながら、関係者とともにプログラム開発を柔軟に行うバランス力が必要となる。 ・コスト：プログラム費用調達の都合上、最少催行人数を設定しなければならない。 ・リスク管理：当該教育機関が運営主体になるため、盤石な危機管理体制が不可欠となる。また、引率教員は、学生の健康管理や緊急対応などについて必ずしも知見を持っているとは限らないため、それに特化した研修が必要となる。
注文型	・運営主体：プロバイダーが派遣側教育機関の諸条件や事情を考慮しながら、プログラムの目標達成をサポートする。プロバイダー（国内外の専門知識を持ったスタッフや現地の教育機会を充実させることができる。学生業務や後方支援の役割を最小限に抑えられるため、教育に専念できる。 ・リスク管理：通常、プロバイダーは24時間365日の緊急時サポート、財務・保険補償、現地の緊急対応を提供する。 ・コスト：派遣側の教職員に通常、教育のため、プログラム監督や引率を義務付けられていないことともあり、経費削減が可能となる。	・運営主体：サービスの質や諸条件を入念に検討し、選定する必要がある。合意書や契約書などの作成において、法務部や上層部の関与が必要となる場合がある。教員とプロバイダーの関係者とプロバイダー間で明確な役割分担を確立しなければならない。誤解や担当者とプロバイダー間の問題を避けるため、派遣側機関の関係者とプロバイダーの間で明確な役割分担を確立しなければならない。 ・カリキュラム：共同プログラム開発に応じられるプロバイダーはさらに時間がかかるため、その前提となるプログラム目標となるプログラム目標の調整はさらに時間を要する。支援ニーズについては、事前に明確に合意しておく必要がある。 ・コスト：依頼内容の量や調整の難易度によっては、コスト増になる可能性がある。希望サービスによっては最小催行人数の設定を伴う。 ・その他：プログラム実施には最小催行人数の設定を伴う。

出所）Chieffo & Spaeth（2017）を改変

既存プログラム参加型	・運営主体：受入側教育機関または団体がプログラムのリソース、学生サポートを申し込むため、所属教育機関の関与は最小限に抑えられる。 ・カリキュラム：学問分野、留学先、期間、指導言語など、プログラムの選択肢が広がる。 ・その他：原則として最小催行人数が設定されない。また、学生は原則受入先の当該プログラムを通して、現地学生や留学生、教職員などとの交流が中心となる。	・運営主体：プログラム開発や実施において、派遣側教育機関が主導できる範囲が狭い（または全くない）ため、当該機関の基準に合うパートナー機関を選定しなければならない。 ・カリキュラム：受入教育機関に直接申込む必要がない。 ・その他：参加学生は、学生自身が学費上の必要条件（単位互換や成績証明書の記載に関する方針）や奨学金の有無などを事前に把握・考慮しなければばらない。
ハイブリッド型	・運営主体：受入教育機関と両教育機関による共同運営の場合や、いずれかの教育機関が運営主体となる場合がある。 ・カリキュラム：教員引率型と派遣先期間で事前設計されているプログラムの利点を併せ持つ。また、相互利益を重視することで、派遣側と受入側の長所を最大限に融合したプログラムを設計できる。 ・コスト：プログラム内容によっては、最小催行人数を必要とする場合もあれば、ない場合もある。	・カリキュラム：開発プロセスが共同作業になるため、開発当初はより多くの時間と教職員のリソースが必要になる。また、受入側が提供できるコースの内容やコントロールできない要素もある。 ・コスト：内容を大幅に調整すると、コストが増加する可能性がある。 ・その他：協定締結を望む場合は、承認にかかる時間が必要になる。
学生交換型	・運営主体：学生交流協定にもとづき、当該教育機関とパートナー校の両方が主体となる。 ・コスト：学費等の相互負担が可能となり、その分コストを抑えることができる。長期間留学生の交換のために、短期間交換を換算することができる。 ・その他：相互交換に伴い、当該教育機関でも学生を受け入れるため、キャンパスの内なる国際化を促進することができる。パートナー校との深い組織的なつながりを構築することができ、学生だけでなく、教職員の機会や研究にも広げることができる。	・運営主体：長く継続するには、コミットメントが求められ、双方の教育機関が署名するような文書が必須となる。 ・コスト：長期間留学と短期留学を組み合わせて交換バランスの算出において、長期のみの場合と比べて複雑になる可能性がある。

コンソーシアム型	・運営主体：共通の目標や関心を持った加盟校同士で責任を共有し、運営する。 ・カリキュラム：各教育機関の教育趣旨を反映することが可能である。複数の機関がそれぞれのリソースを提供することで、継続的なプログラム開発と実施が促進される。 ・コスト：複数加盟校が関わるため、最小催行人数を確保しやすい。	・運営主体：各加盟校の役割と期待を明確に共有し、プログラム設計に反映させなければならず、計画立案や意思決定プロセスが複雑化する可能性がある。また、持ち回りで運営する場合、加盟校によって作業負担が生じる場合がある。
カリキュラム埋込型	・運営主体：当該教育機関が主体となり、上記の教員引率型プログラムと同様の利点を有する。 ・カリキュラム：既存カリキュラムの趣旨に沿った形で設計することができ、単位認定を行うことが前提となる。また、事後の学びや科目に組み込まれていることが前提のため、事前・事後の学生の理解や成長をより効果的に高めることができる。	・カリキュラム：科目の一部に設定する為、シラバス作成時に、履修要件（科目に含まれている海外研修の参加義務や追加費用の有無など）を決定しなければならない。また、当該科目を履修したものの、想定外の状況（何らかの事情により海外渡航できない場合など）の評価方法や認定の仕方を設けておく必要がある。 ・コスト：通常の学期履修科目の一部であるため、短期プログラム運営費用の一部として、追加の授業料や経費を徴収する場合が多い。また、引率教員の業務負担や経費についても考慮する必要がある。

出所）Chieffo & Spaeth（2017）を改変

交えながら，大学そして学生のニーズに合った海外短期研修を実施
していくことが望まれます。これらの情報や経験をうまく活用し，
より学習者の学びに資する海外短期研修の開発・実施につなげてい
くことが大切です。

（川平　英里・星野　晶成）

【引用・参考文献】

Brooks, R., & Waters, J.(2011). *Student Mobilities, Migration and the Internationalization of Higher Education*. Palgrave Macmillan.

Chieffo, L., & Spaeth, C.(2017). *The Guide to Successful Short-term Programs Abroad*(3rd Edition): NAFSA, Association of International Educators.

De Wit, H., & Hunter, F. (2015). The Future of Internationalization of Higher Education in Europe. *International Higher Education*, *83*, 2-3.

King, R.(2002). Towards a new map of European migration. *International Journal of Population Geography*, *8*(2), 89-106.

Knight, J.(2004). Internationalization remodeled: Definition, approaches, and rationales. *Journal of Studies in International Education*, *8*(1), 5-31.

Rivza, B., & Teichler, U.(2007). The changing role of student mobility. *Higher Education Policy*, *20*(4), 457-475.

United Nations.(n.d.). *UNESCO Institute for Statistics*. https://uis.unesco.org/ （閲覧日：2023 年 12 月 16 日）

井上勝也 (1996)「留学生・歴史から現代を考える」石附実（編）『比較 国際教育学』東信堂，pp.300-322.

太田浩 (2018)「日本の海外留学促進政策の変遷」横田雅弘・太田浩・新見有紀子編『海外留学がキャリアと人生に与えるインパクト』学文社，pp.2-28.

海外留学協議会 (2018)「一般社団法人海外留学協議会（JAOS）による日本人留学生数調査」https://www.jaos.or.jp/wp-content/uploads/2018/12/JAOS2017 統計リリース 181205.docx（閲覧日：2023 年 12 月 16 日）

小林明 (2008)「留学生の定義に関する比較研究」平成 19 年度文部科学省先導的大学改革推進経費による委託研究『年間を通した外国人学生受入れの実態調査』（研究代表 横田雅弘）pp.111-123.

総務省 (2017)「グローバル人材育成の推進に関する政策評価〈結果に基づく勧

告〉」http://www.soumu.go.jp/menu_news/s-news/107317_00009.html（閲覧日：2023 年 12 月 18 日）

平塚益徳監修，手塚武彦ほか編（1980）『世界教育事典』ぎょうせい.

寺倉憲一（2009）「我が国における留学生受入れ政策—これまでの経緯と「留学生 30 万人計画」の策定」『レファレンス』697, pp.27-47.

日本学生支援機構（2019）「平成 29 年度協定等に基づく日本人学生留学状況調査結果」https://www.jasso.go.jp/about/statistics/intl_student_s/2018/index.html（閲覧日：2023 年 12 月 16 日）

文部科学省（2011）産学官によるグローバル人材の育成のための戦略　http://www.mext.go.jp/component/a_menu/education/detail/__icsFiles/afieldfile/2011/06/01/1301460_1.pdf（閲覧日：2023 年 12 月 16 日）

文部科学省（2019）「「外国人留学生在籍状況調査」及び「日本人の海外留学者数」等について」http://www.mext.go.jp/a_menu/koutou/ryugaku/__icsFiles/afieldfile/2019/01/18/1412692_1.pdf（閲覧日：2023 年 12 月 16 日）

Column 9

✎ **海外短期研修を実現するために**
組織内交渉ケーススタディ

　読者のみなさんは，これまでに海外短期研修を立ち上げた際，学内外のどんな部署と関わり，連携しながら準備をしてきたでしょうか。一つの研修を立ち上げるプロセスにおいては，学内外の多様な人たちと連携していく必要があります。参加学生の学びと成長を中心にすえながら，担当教職員，派遣先の関係者，外部業者などがそれぞれの役割を果たすことで，より良い研修を作り上げることができます。このプロセスにおいては，教育的意味や効果のある研修内容を具体化する役割もあれば，宿泊や渡航を安全に行えるしくみを作る役割もあり，そういった異なる役割を担ったメンバーがチームとして協働できることが大切です。

　しかし，皆さんの経験の中では，他部署との連携が必ずしも簡単ではないこともあったのではないでしょうか。立場や部署・組織が異なると，価値観や優先事項，物事の進め方が異なるなど，それぞれの「文化」の違いが思わぬ障壁になることがあります。このコラムでは，そういったことを経験的に学び，より効果的で生産的な方法を考えるためのトレーニングとして，BRIDGE Institute がワークショップで実施した「組織内交渉ケーススタディ（大学編）」を紹介します。

組織内交渉ケーススタディの進め方

　123 ページの「組織内交渉ケーススタディ（大学編）」を読み，普段の自分とは異なる立場（教務部・経理部・学生部・部局教員・国際役職者など）の中から，一つ選んで，自分がその役割を担うことを想定してください。そして，その役割の該当業務としてどのような仕事があるかを想像してください。

　次に，124 ページにあるシナリオを読んでください。皆さんの所属大学の国際交流部がアフリカでの海外短期研修を企画していて，学内関係部署にさまざまな相談を持ちかけています。相談された関係部署がたまたま教職員食堂で一緒にランチをしていて，この話題があがりました。

現在，国際交流部は，教務部には単位認定の方法，経理部にはプログラ
ムと教員引率費用の支払い方法，そして，学部教員には学生引率の可能
性について問い合わせているようです。今後，学生部や国際役職者教員
にも相談に行くことが想定されます。アフリカでのプログラム詳細は，8
日間程度，教員引率あり，全学部生対象，15-20 名の参加，単位認定あり，
現地講義とフィールドワークが主活動という内容です。

組織内交渉ケーススタディ（大学編）

―ケーススタディの課題と目的―

各関係部署（者），国際交流部が相談してきた内容に興味はありつつも，疑問・不安があるようです。今後，
国際交流部がこの案件をうまく進めて，実現に近づけるためには，各関係部署（者）にそれぞれどのよ
うにアプローチし，情報提供していけば良いのでしょうか？各関係部署（者）の立場から考えてみましょう。

課題①：国際交流部の相談内容で，各関係部署（者）はどのようなことに，そして，なぜ疑問・不安に思っ
ているのでしょうか？各関係部署（者）の業務内容や対象がなんであるかを念頭に置きながら考えて
みてください。

課題②：各関係部署（者）の疑問・不安を解消するために，国際交流部は今後，どのようなアプロー
チや情報提供等を計画するべきだと思いますか？

シチュエーション

皆さんの所属大学の国際交流部がアフリカで海外短期研修プログラムを開発・実施しようとして，学内関係
部署（者）に色々と相談を持ちかけています。相談された関係部署（者）がたまたま教職員食堂で一緒にラ
ンチをしていて，この件で話題になりました。

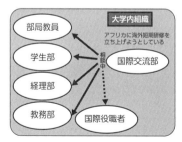

教職員食堂で一緒に食事している人達

1　教務部担当職員

2　経理部担当職員

3　学生部担当職員

4　部局所属の教員（アフリカ専門教員）

5　国際役職者教員（国際交流担当副学長 / 学長補佐）

Column 9

学内教職員食堂での会話

教務担当：先日，国際交流部からアフリカで短期研修を立ち上げたくて，この研修を卒業単位に認定できないかって相談があってさ。

経理担当：あ，なんかうちにもきた。学生から徴収した研修費用の支払い手続きの件で。教員引率費用は参加学生から徴収とか。<u>なんか複雑そう</u>。

教務担当：ホントに？教務的にもどの科目に単位認定すればいいかわからなくてさ。講義，フィールドワーク，関係施設視察と色々含まれているけどさ。

学生担当：ていうか，<u>そもそもなんでアフリカ</u>？学生は興味本位で行きたいかもしれないけどねぇ。

教務・経理担当：確かに‥‥。（笑い）

（そこへ，部局所属の教員と国際役職者の教員がランチに合流）

部局教員：お邪魔します，ランチ一緒にいいですか？なんの話してたの？

学生担当：実は，国際交流部がアフリカに短期研修を立ち上げることを計画しているみたいで‥‥。

部局教員：あー，そういえば，自分がアフリカ専門だから，先日交流部の人が研究室きて，「研修の授業担当とか学生引率に興味ありませんか？」的なこと聞いてきたわ。正式依頼ではないと思うけど。長期休暇中の研修だよね？学期中は 6 コマ授業担当しているから<u>休暇中は研究したいんだよねぇ</u>。アフリカに行けるのはいいけど，<u>学生引率でしょ？気を使うわー</u>。

役職教員：へー，そんな話が出ているの？構想段階でまだ自分には報告上がってきていないのかな。アフリカ情勢って，今どうなんだろう？<u>生活環境とか治安とか，安全なの？</u>うちの大学はアフリカにネットワークあるのかな？なんかもうちょっと国際交流部に詳しく聞きたいよね。

教務・経理・学生担当：ですよねぇーー。

国際交流部の提案—来年度にこれまで実施していなかった国で短期研修を立ち上げたい—	
派遣先国・期間：	アフリカの国 8 日間程度
教員引率：	有り—アフリカの事情に詳しい教員 1 名（授業担当も）
対象学生人数：	専攻問わず学部 1〜4 年生　　15-20 名程度
単位認定：	有り—卒業単位になるもの（教養科目 or 専門科目）
研修内容：	研修の主活動は参加学生の興味にあわせて，アフリカの現状に関する内容でフィールドワークすること。その前後で現地講義や関係施設の視察を予定している。また，研修の前と後で日本での授業を複数回含めたい。
ロジスティック：	渡航費と海外旅行保険の手配は旅行会社へ，そして，現地学習活動の受入機関は現地 NGO へ委託する予定。また，フィールドワーク中の実費経費（移動手段や突発的にかかる費用）は引率教員が立て替えて，帰国後，教員の引率費用分は参加学生から徴収したい。

　このケーススタディでは，参加者に，普段とは異なる役割（国際交流部担当者であれば，教務部・経理部・学生部・国際役職者・教員のいずれか）に立ち，国際交流部役の人との交渉を想定してもらいます。その役割を担うにあたっては，各関係部署における多様な懸念事項や優先事項を念頭におく必要があります。以下は想定される点をまとめたものです。

関係部署	考えられる懸念事項
教務部	（単位認定するためには） ・プログラム中の学習時間の計算方法，何単位に相当するのか？ ・誰の科目でどのカテゴリー（専門・教養）で認定するのか？ ・この科目は増担扱いか？教員本人は了承しているか？ ・科目の継続性の見込みはあるのか？
経理部	（費用の支払い方法について） ・渡航費，海外旅行保険，現地費用の各支払い先は？ ・支払い通貨は何か，また海外送金できる現地口座はあるのか？ ・外貨送金日が決まっているか，支払いを合わせられるか？ ・外貨レートの計算で生じた過不足の金額はどうするのか？
学生部	（大学生活全般） ・アフリカでの生活環境は適切か？ ・参加学生の予防接種はどうするのか？ ・現地で病気や怪我をした場合はどうなるか？
部局教員	（学生引率・科目担当） ・科目担当はボランティアか？増担か？学期中の担当科目減か？ ・学生の病気や怪我の対応はどのようにすればよいか？ ・長期休暇中の研究時間が減るが，その対応はどうするのか？ ・引率後，そのまま現地に研究目的で滞在したいが可能か？
国際役職教員	（大学の立場や安全危機管理） ・現在のアフリカの治安情報は？ ・何かあったときの危機管理体制はどうなっているのか？ ・安心できる依頼先（機関）なのか？

Column 9

　これらを踏まえた上で，ケーススタディが始まります。まず，国際交流部の担当者から，「アフリカへの海外短期研修プログラムを立ち上げたいんですけど，協力していただけますか？」と相談があり，そこから交渉がスタートします。国際交流部は，彼らなりに学生の学びと成長を願ってさまざまな場所・期間での企画を立ち上げようとしています。しかし，このシナリオの内容からは，国際交流部が，自分たちのものの見方や考えだけをもとに動いていたり，場合によっては無理難題を押しつけている印象を受けたりします。教務的・経理的には実施が難しいという心象を持っているかもしれません。まず，それぞれの部署の関係者がなぜそのような感情を持つのかについて考える必要があります。そして，国際交流部はどういう対応をするとその心象を和らげることができるのかを考えると良いでしょう。普段とは異なる立場に立ち，その立場特有の懸念事項や優先事項などを意識しながら，実際にやり取りをする中で，どのようなことに気づくことができるでしょうか。

ケーススタディ参加者の反応

　このケーススタディを実施した際，参加者からは，以下のようなコメントがありました。

　「大学の国際部が準備している架空の短期研修プログラムを例に，大学のそれぞれの部署の立場から考えるというシミュレーションは，自分自身が国際研修プログラムを作る上で非常に参考になりました。特に経理関連で，なぜスムーズに行かないのかストレスも多かったので，シミュレーションをすることにより，経理サイドの考え方も理解できました。国際プログラムは多くの人が関わって，作り上げていくものなので，その点をもっと理解する努力が必要だと思いました。」

　「このケーススタディを通じていろいろな部署の立場を考えることができた。さまざまな立場にいる人が同じような気づきを得られると良いと思った。」

Column 9

「教職協働の実現に向けて，双方の立場理解が必要だと思った。」

　多くの場合，海外留学プログラムの企画の起点となるのは国際交流部です。この部署が案件を他部署にもちかけるとき，相手の立場に寄り添った説明を準備しないと，話がかみ合わず，門前払いされる可能性もあります。そのような状況を理解するにあたっては，前章で紹介した「異文化感受性発達理論」の考え方を活用することができます。国際交流部が他部署の業務や立ち位置を知らない，経験したことがないために，自分本位の論理展開で仕事を進めていくことは，自文化中心主義的，つまり，国際交流部が他文化の存在を未だ認識していない否定（Denial）ステージにあるとみなすことができます。また，他部署では自分たちとは異なる仕事がなされているという認識がありながらも，「われわれ」「あちら側」という二項対立を際立たせて「なぜこちらの言っていることがわからないんだ」という一方的な思考・気持ちに終始する場合，二極化（Polarization）状態に直面していることになります。一方で，仕事内容は違うと認識しながらも，学生の教育・成長のために共通して尽力する部分を見出して取り組んでいる場合，それは最小化（Minimization）の姿勢であるといえます。さらに，他部署特有のルール・手続きについてその背景を理解した上で，他部署との協議や交渉を粘り強く進めれば，それは受容（Acceptance）・適応（Adaptation）ステージと説明できるのではないでしょうか。

　このケーススタディを実施するにあたっては，関連部署の役割や仕事内容を想像することを困難と感じる参加者もいるかもしれません。しかし，実際にやってみて，自分は他部署のことをよく理解していないと気づくことこそが重要な学びとなります。また，見通しを持てない状態にあっても，自分の役割を把握し，チームの中で貢献する方法をメタ的に考えるきっかけともなります。こちらから関係部署に対して何かを提案する際，相手の立場を理解し，相手にとって意味ある提案だと感じてもらえるように持ちかけること，そして，懸念点については協働して解決していける関係性を構築することで，建設的な議論展開につなげたいものです。

Column 9

「包括的国際化」を目指して

　これからも大学の国際化が進む中で，学生の国際流動性もさらに高まり，日本国内でも「外国人」「日本人」などと学生を国籍や出身地で区別することが次第になくなっていくかもしれません。このような時代の到来を踏まえて，昨今の高等教育論では「包括的国際化（Comprehensive Internationalization）」という考え方の重要性が指摘されています。「包括的国際化」とは，高等教育における教育，研究，社会貢献のすべての分野に国際的な視点を浸透させる大学の公約（Hudzik, 2011；2015）を意味します。国際担当部署だけが国際業務について熟知し，対応するのではなく，例えば「経理部」「学生部」といった一見「国際」とは関連性が薄いと思われがちな部署や役職においても，高等教育の国際化の急速な進展に伴い，国際的な視点を持ちながら日々の業務に当たる必要が出てきています。組織内にあるさまざまな文化の違いを活かして，互恵的な関係を築きながら包括的な国際化を推進するアプローチを検討していきましょう。

【参考文献】

Hudzik, J. (2011). *Comprehensive internationalization: From concept to action.* NAFSA: Association of International Educators, Washington DC.

Hudzik, J. (2015). *Comprehensive Internationalization Institutional pathways to success.* Routledge.

（星野　晶成）

Column 10

🖊中国留学を決めた勢い

　1990年に1年間中国・南京大学に留学したというと，必ず「なぜ？」と聞かれます。確かに，海外留学といえば英語圏が主流だった時代。ましてや天安門事件の翌年に，しかも南京という日本人にとっては容易ではない場所への留学ですから，「なぜ？」と聞く人の気持ちもわかります。

　私の中国留学には，理由がありませんでした。なぜなら，それは，ある日突然降ってきたチャンスだったからです。大学2回生の頃，中国語の教授からある日こう言われました。「堀江さん，南京大学に1年間交換留学の枠が空いてるけど，行かない？行くなら明日までに返事して。」その日まで，自分の中には留学という発想すらありませんでした。しかし，「行きたい」と思いました。なぜだかわからないけど「私は行くのだ」と思いました。

　それから急ピッチで，行動を始めました。まずは，両親への相談です。母は反対しました。「そんな急に訳のわからないこと言われても，困る。とりあえず遠くに行かれたら寂しいから嫌だ」という理由です。至極真っ当だと思います。しかし，これで諦めるわけには行きません。幸い，父と祖父母は私の考えを面白がってくれました。そして，祖父は「中国は，これから20年後ぐらいに世界でも影響力を持つ国になるから，今のうちに知っておきなさい」と，背中を押してくれました。翌日までに提出しなければならない「留学志望理由書」には，そのことを書きました。

　このように勢いで決めた中国留学でしたが，その後，スイッチの入った私は，とにかくできる限りの準備をし，現地でも何にでも興味をもって挑戦していきました。そこで初めて，異文化環境で視野が広がり，多様な人のあり方の一端を知り，自分の弱い部分を受け入れながら自分を鍛える，という経験をしました。私にとっては，その経験がすべての始まりでした。

　私は長年，海外留学を志願する大学生の相談に乗ってきました。その中で，「自分の留学志望理由が明確にならない」ことで悩む学生たちと出会ってきました。こんな留学志望理由ではダメなんじゃないか…といっ

Column 10

たことで，悩むのです。しかし，私は自分の経験から，「理由は後付けで
いい。留学したいという気持ちを大切にして，実行しなさい」とアドバ
イスしてきました。とにかく，未知の世界に飛び込むこと，そこで弱い
自分を受け止めながら目一杯努力をすること。それが成長のきっかけに
なるのだと信じています。

（堀江　未来）

Column 11

✎マレーシアでの留学経験

「あ，これはやばい！学生掲示板に何が書いてあるのか，さっぱりわからない！」

　日本の大学院修士課程に在籍していた時，1年休学して初めての長期留学をしました。その留学先は，マレーシアのマラヤ大学でした。修士論文のテーマをマレーシアにおける高等教育の国際化としていたこともあり，せっかくならば，フィールドワークをしながら現地に留学したら面白そうだ！という発想から，あまり何も考えずに，準備もせず，留学をしました。

　マラヤ大学の研究生として，これからの留学生活に期待を膨らませながら，初めてキャンパスに足を運んだ日，私の期待は見るも無残に一瞬で崩れ落ちました。所属学部の学生掲示板を見た時，「あ，これはやばい！」という衝撃が私の全身に走りました。あまりにも強烈だったため，しばし呆然と掲示板を眺めました。あの時の衝撃は，今も身体が覚えています。

　その掲示板は，すべてマレー語で書かれていたのです。英語と似たような単語はあるものの，全く分からない状態でした。現在，マレーシアの大学では英語での授業が普通に行われていますが，当時，国立大学であるマラヤ大学では，マレー語による国民教育を重視していた政府の影響下で，教授言語はマレー語が主流でした。聴講していた授業によっては，外国人留学生でマレー語のわからない私のために，先生は英語で授業をしてくれましたが，途中ディスカッションになると，現地のクラスメートたちはマレー語になり，本当にチンプンカンプンでした。

　留学生向けのマレー語の授業を毎週履修していましたが，1年間の留学期間で，日常会話程度のマレー語はできるようになりましたが，大学の授業についていけるレベルにはなりませんでした。しかし，そんなことにはめげず，研究のフィールドワークをしながら，私はつたない英語を駆使して友人を作っていき，水シャワーのアパート生活や熱帯特有の

Column 11

虫にも慣れ，たくましいほどのサバイバル能力を身に着けました。

　現地では，留学前の準備としてマレー語の習得や現地の大学情報を調べておけばよかったなという思いもありました。そうすれば，あのような衝撃を初日から味わうこともなかったかもしれません。その一方で，掲示板の前で味わった衝撃のおかげで，現地でのマレー語の授業も頑張れたし，知っている限りの英語でコミュニケーションをとろうという気持ちに早めに切り替わり，現地でも頑張れたような気がします。

　「ピンチがチャンス」とまではいえませんが，若かった私はその時点で精いっぱいやっていたように思います。若かったあの当時の私は，友人と比較したり，自分は留学後どうなるんだろうという不安を抱えながらも，精いっぱいの自分でマレーシアに留学しました。その経験は，自分を見つめ，可能性を探る上でも代えがたい経験となり，留学をしたい学生たちを応援する仕事に就きたいと思うようになり，現在のキャリアへとつながっています。

（秋庭　裕子）

Column 12

✏フィンランドでの留学経験

　大学在学中に，1年間，フィンランドに留学をしました。留学中は，留学生用のシェアアパートに住み，中国，アメリカ，エストニア，フランスからの5人の留学生と共同で生活を送りました。今思えば，言語も文化もそれぞれ異なる国から集まった，異文化経験もそれほど豊富ではない大学生5人ですから，きっと違和感や不快感などを各々たくさん抱えていたはずです。しかし，私たち5人はそれらを口にはせず，何となく我慢したり，見なかったことにしたりして，日々を過ごしていました。

　数カ月が過ぎた頃，そんな状況を動かす事件が起こりました。ある朝起きて，共用のダイニングに出てみると，テーブルにキッチンペーパーと匿名のメモが置かれてありました。メモには，「今後は私が定期的にこのキッチンペーパーを買うから，ちゃんと掃除して！」と書かれてあります。ダイニングでこのメモを発見した私とフランス人のシェアメイトは，ぽかんとして顔を見合わせました。というのも，普段共用スペースを掃除しているのは私か彼女のどちらかだったからです。

　「私ではないし，彼女でもないとしたら，他に一体誰がこんなことを言えるのか。」

　口には出しませんでしたが，二人同時にそんなことが心に浮かんだと思います。シェアメイト一人ひとりに尋ねていくと，アメリカ人のシェアメイトによるものだということがわかりました。以前，彼女は，共同で使っているトイレに，インスタントラーメンに入っているネギが付着しているのをたびたび見たことがあり，中国人のシェアメイトが食べ残しのインスタントラーメンをトイレに流しているためだと考えたそうです。そこで，その中国人シェアメイトに，一度やめてほしいと直接伝えてみたそうですが，「私じゃないかもしれないじゃないか！」と逆ギレされてしまい（インスタントラーメンを食べるのは中国人シェアメイトのみだったので，限りなく黒に近いのだけれど…。），メモを作成して貼りだしたのは，仕方なしの最終手段だったとのことでした。「それはあなた

Column 12

も困ったよね。」とアメリカ人のシェアメイトに声をかけつつ，中国人の
シェアメイトと一番仲の良かった私は，「ダイニングテーブルに置かれて
たメモ，見た？実はね…」と話をしてみました。

　この件について，当事者の二人ともが，100％気持ちよく納得できた
かどうかまで見届けることは，当時の私には力不足でできませんでした。
しかし，とりあえずは，その後トイレはきれいに使われるようになった
ようでした。また，誰かが掃除をしていると，それを見た人が「ありが
とう」と声をかけたり，「来週はごみ捨てをお願いしてもいい？」と働き
かけたり，それまでと違う光景が見られるようにもなりました。「トイレ
にネギ付着事件」は，当事者の二人だけでなく全員が，相手にとっての
当たり前と自分にとっての当たり前が違うことを認識し，自分自身のこ
れまでの関わり方や働きかけ方はどうだったかと，振り返るきっかけに
なったのでした。

　また，私自身，この事件が起こるまでは，他の皆も自分と同じように
異文化に驚き，葛藤し，我慢し，悩んでいるなんて，想像すらしていま
せんでした。しかし，これをきっかけに，英語を難なく使いこなし，何
のストレスもなくコミュニケーションを取っているように見えたシェア
メイトたちも，同じように異文化の壁にぶつかり，自分自身を見つめな
おし，試行錯誤しながら受け止めたり，乗り越えたりしているのだとい
う大きな発見をすることもできました。

　今でもこのシェアアパートで感じた葛藤や，驚き，そして違いを尊重
し寛容になることのできた経験を，愛おしく思い出します。これが私の
異文化理解力形成の原体験となっています。

（國府田　真）

第2部　実践編

第5章
キャンパスにおける学生主体の 国際交流・共修活動

第1節　国際交流・共修の場づくりの目的

　大学キャンパスにおいて，学生間における国際交流・共修の場を創ることは，そこに参加する学生たちにとって国際教育交流の体験をみずから拡張していくための格好の機会となります。国際教育交流分野の関係者は，そのような学びの場にさまざまな教育プログラムを提供することで，学生たちの協働的な学びと成長を促すことができます。国際交流・共修の機会において重要なことは，学生たちが多様な文化に対する関心を高め，文化に対する感受性を育むことです。そのために，学内の国際交流共修の場を提供することは，学生間のネットワーク構築へとつながり，異文化適応におけるピア・サポートの役割も果たすことができます。国際交流の場づくりや組織運営面に携わることで，学生たちは国際交流におけるピア・リーダー（peer leader）として成長し，リーダーシップや交流コーディネーションの力を高めることができます。さらに，学生がキャンパス内における国際交流を体験することは，海外への関心を高め，海外渡航や派遣留学に対する意識変容へとつながることが期待できま

137

す。海外に行くことが困難な学生にとっても，キャンパス内における国際交流の機会を通して，文化交流や異文化体験からの学びを深める機会となります。そのためには，学生主体の国際交流活動に対して，大学として教職員が協力的な姿勢，態度で関わることが不可欠です。本章では，名古屋大学において国際交流活動に関わる学生グループの活動紹介と国際交流の事例を紹介します。

 ## 名古屋大学における国際交流に関わる学生グループ

　名古屋大学は「世界と伍する研究教育大学」を掲げ，積極的に大学の国際化を進めており，これまでさまざまな取り組みを進めてきました。名古屋大学における留学生受け入れに関しては，2011年から英語基準による学位プログラムを設置しており，日本語基準，英語基準で学ぶ留学生が多数在籍しています。留学生は2023年度実績において全学生数の約 12% の比率になっており，5 年後の 2027 年度には，20% になることを目指しています。海外派遣留学については，2027 年度には年間 2,500 名以上が，海外留学や研修に参加できるよう目標を掲げ，多様な形態の留学・研修プログラムを開発・実施しています。また，大学の国際化のみならず，大学の構成員，一人ひとりの尊厳や多様な個性が尊重される大学を目指して，2018 年には「個人の尊厳を守り多様な個性を尊重する名古屋大学基本宣言」を策定し，2022 年には，東海国立大学機構 DEIB（Diversity, Equity, Inclusion, & Belonging）推進宣言も打ち出されま

した。今後さらに，国際的に開かれた大学を目指していく予定です。

　キャンパスにおける国際化や国際交流活動の取り組みは，1980年代にさかのぼります。留学生会（名古屋大学留学生会・NUFSA）や国際交流サークル（名古屋大学異文化交流サークルACE）などの課外活動を通じた学生グループが相次いで立ち上がり，学生と教職員が連携しながら，キャンパス，寮，地域などの場において，留学生との交流や共修の機会を生み出してきました。留学生数が増加するごとに，国際交流に関わる学生グループ数も増えていきました。英語基準，日本語基準のプログラムで学ぶ留学生，学部，大学院で学ぶ留学生など，留学生の背景により課外活動に対するニーズが多様にあり，これらに応じてさまざまな学生団体や有志による活動が立ち上げられてきました。これまで国際交流に関わる学生グループの課外活動は，異文化交流を楽しむ目的だけではなく，留学生への支援につながり，互いの関心や理解が深まることに大きな役割を果たしてきたといえます。そこで本節では，名古屋大学で活動している国際交流に関わる学生グループについて紹介します。

　名古屋大学における国際交流に関わる学生グループの活動を横田・白土（2004）による「交流の類型」をもとに区分してみます。横田・白土（2004）は，「ある個人や集団と別の集団との文化的な交流を促進する架け橋的活動」を「交流コーディネーション」と定義し，大学の国際教育交流担当者が深く関わる交流コーディネーションとして(1)キャンパスにおける交流，(2)地域と留学生の交流，(3)帰国留学生との交流とし，留学生をめぐる「交流」を15の類型に分けて，留学生がどのような交流に関わっているか，学生間，学生

と地域の交流，卒業留学生との交流などの視点から類型を提示しました。表 5.1 は名古屋大学のキャンパスを中心に展開されている学生による国際教育交流活動を示したものです。

表 5.1　名古屋大学キャンパス国際交流活動の類型

	活動の類型	具体的活動
①	同じ出身国・地域からの留学生間での交流やサポートを目的とした活動	例えば，中国留学生会，韓国留学生会，インドネシア留学生会，マレーシア留学生会，アフリカ学生会など
②	多様な出身国・地域メンバーで構成されている留学生主体の交流活動	「名古屋大学留学生会（NUFSA）」などの名称で組織され，新入留学生の歓迎，留学生と一般学生の交流の場，レクレーションの場などを企画。近年は，就職情報を提供する活動も企画実施している
③	留学生と一般学生との交流や留学生支援を目的とした活動	学生サークルとして活動する組織もあれば，大学の部局がボランティア学生を募り，ともに運営に携わるケースも見られる
④	キャンパスにおいてアカデミックな交流を目的とした活動	グローバル・プレゼンテーション大会，模擬国連，講演会，研修会などを開催し，知的好奇心を高め，視野を広げられる機会を創出し，学生間の交流を促している
⑤	海外留学を促進することを目的とした活動	大学の部局と連携しながら，留学相談会，留学フェア，英語学習会などを学生が主体的に企画運営している

出所）筆者作成

　名古屋大学は，他大学に多く見られるような交流ラウンジや言語学習ラウンジ等は，大学としては運営をしておらず，国際交流に関わる学生グループを主体として国際交流の場が創出されています。したがって，学生による有機的な連関作用がキャンパスの国際化に果たしている役割が大きいということもできます。研究大学として，アカデミックな交流を求める学生も多く在籍しているため，互

いの文化を知り親睦を深めることを目的とした楽しいだけの交流だけではなく，知的好奇心を刺激し，多角的な視点が持てるような活動も多く見られることが特徴といえます。名古屋大学における国際交流に関わる学生グループ数は数多くありますが，表5.2では，名古屋大学と連携や情報交換しながら活動している国際交流に関する学生グループの概要を示します（表5.2）。

　名古屋大学において，これらの国際交流関連の学生グループが発展してきた背景には，学生が国際交流関連の活動として，何かアク

表 5.2　名古屋大学の主な国際交流関連学生グループ概要（2023 年 11 月現在）

		学生グループの類型	連携部局	活動開始時期
1	各国・地域留学生会（複数）	①	GEC*と情報交換・連携している会もあり	
2	名古屋大学留学生会（NUFSA）	②，④	GEC 名古屋大学留学生後援会	1987 年
3	名古屋大学生協留学生委員会（COFSA）	②，④	名古屋大学消費生活共同組合	1995 年
4	名古屋大学イスラム文化会	②，④	GEC	2005 年
5	名古屋大学アフリカ学生会	②，④	GEC	2017 年
6	異文化交流サークル ACE	③	GEC	1988 年
7	ヘルプデスク	③	GEC	2004 年
8	スモールワールド・コーヒーアワー	③	GEC	2005 年
9	法学部国際交流サークル（SOLV）	③	法学部	1999 年
10	プレゼンテーションアワー	④	GEC	2014 年
11	名古屋大学模擬国連	④	GEC	2021 年
12	留学のとびら	⑤	GEC	2009 年

*GEC：グローバル・エンゲージメントセンター（旧国際教育交流センター）
出所）筆者作成

ションを起こしたい時に，相談に応じ，情報提供や大学の施設を借りるためのサポートをするなど，学生グループと大学のリソース（資源）につなぐ，課外活動を支えている教職員の存在があります。国際教育交流，日本語教育，留学生支援，学生支援，英語基準プログラムに関わる教職員，名古屋大学留学生後援会，名古屋大学消費生活共同組合等などがその役割を果たしてきました。学生が課外活動として実現したいと思う企画案に伴走しながら，必要な情報を提供し，学生グループ同士の相互連携を促すようにしています。名古屋大学留学生会（NUFSA）と名古屋大学異文化交流サークル（ACE）は，歴史的に深い関係を持ちながら，35 年以上に渡り，バザーやウェルカムパーティーなど，コラボレーション企画を展開してきました。英語基準で学ぶ留学生たちが多く所属する，名古屋大学留学生会（NUFSA），名古屋大学生協留学生委員会（COFSA），NUSIG（英語基準で学ぶ学生たちによる有志グループ）は，互いに連携や協力しながら，企画を立案・実施しています。2021 年からは英語基準で学ぶ学生たちが中心となり，名古屋大学模擬国連の活動も始まっています。名古屋大学グローバル・エンゲージメントセンター（旧国際教育交流センター）が連携しながら関わっている国際交流関連の学生グループは，合同で学生メンバー募集説明会を開催し，活動報告書を公開しています。活動報告書については，以下のサイトを参照してください。URL: https://acs.iee.nagoya-u.ac.jp/program/introduction.html（閲覧日：2023 年 12 月 17 日）

名古屋大学における国際交流活動の実践：スモールワールド・コーヒーアワー

3.1　スモールワールド・コーヒーアワー

　名古屋大学におけるスモールワールド・コーヒーアワー（以下，コーヒーアワー）は，2005 年秋学期から始まりました。アメリカの大学で実施されているコーヒーアワーの実践例を参考にして，名古屋大学でも留学生や一般学生などの在学生，教職員などがリラックスした雰囲気の中でコーヒーやお茶を飲みながら，対話することのできる場を提供しました。当初は，毎回 10 人ほどの参加者のもと，日本語や英語を交えながら，茶菓子を囲んで小グループの会話を楽しむ催しでした。次第に参加者が増えていき，国際交流に関心の高い学生たちも続々と運営に携わるようになり，学生とともに運営する活動になっています（髙木，2010；髙木・新見，2013）。現在は，名古屋大学生協留学生委員会（COFSA）のメンバーも運営に参加しており，日本語基準，英語基準で学ぶ学生ボランティアが 10-15 名登録して，国際本部グローバル・エンゲージメントセンター（旧国際教育交流センター，留学生センター）とともに実施しています。

　コーヒーアワーの特徴は，主に 3 つが挙げられます。

1) 学生支援の観点から，学生が学業や研究から離れて，リラックスすることのできる場の提供に加えて，他の学生と交流の機会を通して，キャンパス内のネットワークを広げる機会となり，学生生活をサポートする機能を果たすことです。さらに，コーヒーア

ワーの機会に教職員も参加することによって，学生と教職員がコミュニケーションするきっかけを持ち，学生との関わりを促す機会創出へとつながっています。

2) 交流・共修の観点から，留学生と一般学生がコミュニケーションや交流のアクティビティを通して，好奇心を持ちながら相互理解を深める機会を創出しています。さらに，海外に行くことに関心のある学生たちが，学内で参加できる国際的な活動のファースト・ステップの機会を提供しています。

3) 国際教育交流におけるピア・リーダー育成の観点から，企画・運営に携わる学生たちが，多様な背景を持つ学生が集う交流の場作りを通して，コミュニケーション能力，コーディネーション能力，リーダーシップ能力などを高めることのできる機会となっています。さらに，さまざまな学年や年齢で構成されるピア・リーダー同士の学び合いも，相互の異文化理解や人間的成長にとって高い教育効果が期待できます。

これまでのコーヒーアワーの主な開催イベントのカテゴリーとテーマは以下の通りです。イベントの種類としては，学生同士が知り合いになり，ネットワークを構築できるような自己紹介系・アイスブレイク系，日本文化をはじめ多様な文化を楽しみながら体験できる文化体験系，チームや個人で一緒に活動しながら，コミュニケーションを取る機会が作れる協働系，深めのコミュニケーション

を取りながら自己理解や他者理解が深められる対話・ディスカッション系があります。基本的にすべての活動が，日本語，英語を使って実施できるように工夫しています。

表 5.3 スモールワールド・コーヒーアワー活動の類型

カテゴリー	開催テーマ例
自己紹介ゲーム アイスブレイク	人間 BINGO，スピード・ミーティング，うそつき自己紹介，Color imagination
文化体験	おにぎり作り，うちわ作り，しおり作り，年賀状作り，習字，折り紙，縁日，茶道，音楽，ダンス
協働	チーム対抗クイズ大会，ボードゲーム，マシュマロタワー作り，バトミントン，フリスビー
対話・ディスカッション	ワールドカフェ，写真を通してトーク，Talking Card，散歩

出所）筆者作成

3.2　コーヒーアワーの工夫：つなぐファシリテーションの必要性

　コーヒーアワーに参加する学生の中には，グローバルな雰囲気に驚きや緊張感を感じ，人と話すきっかけをどのように作ったら良いかわからず困惑する場面も見られます。初めて参加する学生が参加しやすくなるよう，コーヒーアワーのイベントにテーマを設けています。基本的にコーヒーアワーのイベントの前半部分は，アイスブレーキングなどの軽めの活動をなるべく導入し，参加者同士がつながりやすくなるような活動を設けるようにしています。後半部分には，フリートークなど自由に交流することのできる時間など設ける構成に発展させてきました。コーヒーアワーの運営に携わる学生ボランティアのメンバーが企画し，振り返りを繰り返す中，どのようにイベントのプログラム内容を構成し，レイアウトを配置し，運営

者として参加者をナビゲートすると参加しやすいコーヒーアワーになるかの試行錯誤を重ねて，発展してきました。そのため学生メンバーには企画・運営に加えて，話し合いやコミュニケーションを促進するためのファシリテーション（進行）の力を養うことが必要になります。

3.3　名古屋大学コーヒーアワーの動力：学生ボランティア

　名古屋大学のコーヒーアワーは，学生がボランティアとして関わり，企画や運営を主体的に行っています。学生たちの力によって，コーヒーアワーのイベント内容や規模も拡充されてきました。教職員はアドバイザー的な役割と大学施設の利用や予算管理，備品等の調達などをサポートする役割を担っています。コーヒーアワー開催のための運営に関わる学生ボランティアの学生数は，毎年，平均して 10-15 人程度です。留学生よりも国内学生の割合が高いですが，英語基準・日本語基準で学ぶ学部生，大学院生で構成されており，学年・学部を越えて，多様な背景を持つチームとして成り立っています。

　企画・運営のためのミーティングは，学期中に週に 1 回程度，昼休みの時間などを用いて行われています。言語は日本語や英語を混ぜ，互いにサポートしながら実施しています。毎回のコーヒーアワーを実施するために，イベントのテーマ決め，構成の企画，備品の準備，役割分担，買い出し，広報活動，司会・進行する際に工夫する点などを話し合い進めています。コーヒーアワー当日は，設営，受付，司会，音響，参加者のサポート，後片付け，振り返り会など，

幅広い活動を行っています。

　ミーティングでは，学生らしいアイデアが飛び交い，楽しい雰囲気の時もあれば，学生にとっての忙しい時期が重なり，ミーティングに参加する人数が減り，少人数で検討する場面もあります。教職員の関わりとしては，必要な時には，イベントが多様な背景を持つ学生たちが参加しやすくなるよう助言することもあります。

　コーヒーアワーが学内の国際交流の場として，教育的な機能を果たし，発展してきた背景には，課外活動として多様な背景を持つ学生間の交流の場の創出に好奇心を持ちながら，学生ボランティアたちがピア・リーダーとして，キャンパスにおける交流の場づくりに関わっていた力が大きく働いていたといえます。さらに学生ボランティア同士の交流やつながりも，学生生活を支える重要な役割を果たしており，学生ボランティア間のネットワークにより，学生たちの留学やキャリア形成等において良い影響を互いに与えあっています。

第4節　学生たちの力が溢れ出すキャンパスづくりのために

　本章では，名古屋大学のキャンパスにおける国際交流に関わる学生グループの類型と紹介，スモール・ワールドコーヒーアワーの実践について紹介しました。最後に，キャンパスにおける学生主体の国際交流活動が発展するよう教員として心がけてきたことを3つにまとめておきます。

　第一は,「学生や学生グループのニーズを探り, つなぐファシリテーション」の視点を持ちながら, 活動を支援してきました。国際交流の場に参加する学生がどのようなニーズを持って参加しているのか, 国際交流の場に参加したいけれども参加できていない学生たちは何が障害になっているのか, 国際交流の運営に携わる学生たちはどのようなニーズを持って関わるのか, 国際交流の活動を展開している学生グループはどのようなニーズを持っているのかなど, 声を聴きながら探るように心がけています。そこで見えてきたのは, 学生たちのニーズをもとに, 学生同士, 学生グループ同士をつなぎ, 学内でネットワークを構築できる機会を提供していくと, 学生たちが協力しあい協働的に関わっていくきっかけとなり, 活動が展開していく可能性が高いという点です。また「つなぐ」には, 学生や学生グループが大学内外のリソース (資源) とつながれるよう橋渡しをする点も含まれます。教室・施設の利用方法, 予算を得る方法, 申請書の書き方, 広報の工夫, 地域との連携など, 情報提供しながら橋渡しをしていくことによって, 学生たちの活動が幅広く展開されるようになってきました (髙木, 2010；髙木・新見, 2013)。

　第二は,「学生の成長・発達を促すきっかけを創出」できるように意識してきました。国際交流活動の機会は, 学生支援の観点からは, 留学生も一般学生も, 互いにサポートしあい, 文化に対する理解を深める機会が増えるなど, 学生生活を支えるセーフティネットやスキルを増やすことにつながるかと思います。それと同時に, 国際交流の機会には, 留学生も一般学生も新しい世界への一歩を踏み出す, リーダーシップの発揮, 自分の可能性にチャレンジするなど,

成長や発達のきっかけとなる機会が多く秘められているかと思います。大学生の発達段階や異文化感受性の発達段階などを踏まえながら，学生が視野を広げ，チャレンジできるきっかけ，エンパワリングな問い，学内外の国際交流グループのネットワークを構築し，互いにスキルアップできるような多文化ピア・リーダー研修の機会等を適宜提供することによって，学生の力が溢れることにつなげられるのではないかと思います。

　第三は，「国際交流は，大学において重要な共修・交流の学びの機会」という理解が学内の教職員の方々の共通認識として広がっていくよう工夫してきました。国際交流の場づくり，コーヒーアワーのような活動は，外から見える部分では，「遊び」の要素が強いように捉えられますが，実際は「教育的な学び」の機会としての要素が強いという認識が高まるよう，会議で報告し，学内で発行する報告書（年報）や学生ボランティアが発行する活動報告書等において，広報するようにしてきました。さらに国際交流のイベントに教職員の方々に参加やサポートいただくことにより，多様な文化背景を持つ学生間の国際交流活動の意義に対して，認識が変わることを促してきました。

　キャンパスにおける国際交流活動は，大学の規模，学生数や留学生数，学生のニーズ，地域性，財源などによって，どのようなプログラムや仕組み作りが適切かは変わってきます。そして，このような国際交流活動では，単位にならない，自主的な活動であるからこそ，学生とともに試行錯誤を重ねながら進めていく必要があり，実践の振り返りをしながら展開していくことが大切になってきます。

第 2 部　実践編

本章では，名古屋大学における国際交流活動の実践事例を取り上げましたが，ぜひ他の大学の事例も参考にし，所属されている大学・学校の特性に合わせながら実践に取り組んでいただけたらと思います。さらに，学生主体の国際交流・共修活動を支える教職員の役割や意識については研修調査が進んでいますので参考にしていただけたらと思います（川平，2019；2020）。

（髙木　ひとみ）

【引用・参考文献】

川平英里（2019）「正課外における国際教育交流の現状と課題に関する調査―大学教職員の視点に着目して―」『名古屋大学国際教育交流センター紀要』6 号：pp.17-25.

川平英里（2020）「正課外における国際教育交流における国内・国際学生の協働に関する質的調査―国際教育交流担当者の視点に着目して―」『留学生交流・指導研究』22 号：pp.75-88.

髙木ひとみ（2010）「国際交流グループの支援をめぐって：学生と共に，学び，歩んだ 4 年間を振り返って」『名古屋大学留学生センター紀要』8 号，pp.127-131.

髙木ひとみ・新見有紀子（2013）「キャンパスにおける交流コーディネーションの実践：ミネソタ大学と名古屋大学におけるケース」『留学生交流・指導研究』15 号，pp.53-64.

横田雅弘・白土悟（2004）『留学生アドバイジング：学習・生活・心理をいかに支援するか』ナカニシヤ出版

Column 13

✒️国際寮：カオスと学びのユニークな住処

　私は学部学生時代に立命館アジア太平洋大学（APU）で過ごした4年間のうち，3年間は国際教育寮のAPハウスに住んでいました。1年間は寮生として，2年間はResident Assistant（RA）として過ごしましたが，この経験が私自身の学びや多様な人とのつながりをつくった貴重な経験であったと考えています。

　国際寮では，楽しいイベントや交流もたくさん行われますが，生活の場でもあるため日常的に多くの問題が起こる場所でもあります。寮生として私自身も文化の違いによる喧嘩，キッチンの使い方に関する問題，モノを勝手に使われる，隣人の騒音問題，などをたくさん経験してきました。具体的には，共同キッチンに置いていた食べ物が勝手に食べられていたり，掃除は自分の国では自分のすることではないと国際学生に主張されたり，寮の敷地内で水かけ祭りをやっていた知らない東南アジアの学生に急に水をかけられたりと，今までの「自分の常識」からは考えられないことをたくさん経験しました。そのような想定外のことが起こった時に，最初の頃は相手に対して怒ったりしていましたが，徐々に自分の想定外のことが起きたときに冷静になって行動したり，相手がなぜそのような行動をするのかを考えられるようになりました。多種多様な想定外なことが起こることが国際寮の大変な部分でもありますが，同時に多様な文化や考え方を学ぶ機会にもなり得るので，それが国際寮の独特の面白さであると私は思っています。

　RAとしては，多様な人と協働する難しさや楽しさ，イベントを開催するときの準備・運営方法，多様な寮生とのコミュニケーションの取り方などを学びました。APハウスのRAは，寮生の親代わりのような存在で，寮生同士の交流促進，キッチン清掃やごみ分別の指導，日々の寮生の相談に乗る，など多岐に渡る業務を行います。学業やほかの課外活動との両立で大変なこともたくさんありますが，寮生と一緒にご飯を食

べたり，RA 同士で寮をより良くするためにどうしたら良いか話し合ったり，交流イベントを開催する中で，自分自身が成長したり，一生関係が続くような仲間づくりができ，私自身の貴重な財産になっていると感じています。

　多くの大学が，日本人と留学生の交流促進，日本人の英語力の向上，留学生の日本での生活習慣や日本語の習得，等を目的に国際寮を設置しています。そして現在はそのような目的以上に寮内での教育的な取り組みとして，寮生が特定のテーマを勉強するようなコミュニティを作る取り組み，起業を支援する取り組み，健康を促進する取り組み，地域交流をするような取り組みなど，従来の日常的な交流をするだけの寮ではない，発展的な寮のプログラムも始まってきています。寮という場の学びのインパクトを自ら体験した者として，このような寮の取り組みが広がって定着することを期待しています。

（力丸　晃也）

第6章

高等学校における
留学事前・事中・事後指導の一例

　高等学校（以下，高校）における留学や海外研修は，グローバリゼーションが進む今日の社会で広く求められる教育手段の一つとなっています。英語や外国語運用能力の向上はもちろんですが，異文化理解や国際感覚の育成，多様性を尊重する価値観の形成にも重要な役割を果たします。異文化に触れることで敏感さ（多角的なアンテナ）を培うことは，生徒たちの多角的な視点を養う点で不可欠でしょう。

　高校における留学の難しさのひとつに，留学に対する奨学金や助成金の少なさがある，といわれています。留学助成金を提供している自治体もありますが，高等教育に見られる程の充実した支援体制にはまだ届いていない，というのが一般的な印象です。一方で，国は，「トビタテ！留学JAPAN」のような留学支援プログラムを通じて，文部科学省が2023年度から2027年度までの5年間，官民協働で留学生支援を拡充しており，トビタテ第2ステージでは700名の高校生が留学の機会を得られるなど，高校生向けの留学支援の輪が少しずつ広がっています。

　そのような中，少し前にはなりますが，2020年からのCOVID-19（コロナ禍）パンデミック期では，国境の閉鎖や移動制限により，従

来の形での留学が困難になった時期がありました。従来の伝統的留学アプローチが難しくなった期間，多くの学校や教育機関は新しい形の留学プログラムの開発や適用に迫られ，新しい形の留学プログラムの開発や適用に努めなければなりませんでした。これは，大学だけでなく，中学・高校の留学プログラムも同様です。

　筆者は，現在勤務する東明館中学校・高等学校（佐賀県基山町）に，2020 年 4 月というコロナ禍初期に赴任しました。最初に立ちはだかった課題は，「コロナ禍の国際交流・コロナ禍の留学」でした。コロナ禍であっても，留学派遣側・受け入れ側双方の体制が整っていて，かつこの状況での留学を本人と保護者が望んでいるのであれば，留学派遣を止めない，という思いのもと，できる限り最大限の努力と準備をし，派遣を止めず，この挑戦的な期間を乗り越えてきました。現在は，この期間の「コロナ禍の留学が与える効果や実践値」とは何だったのかを考察している最中です。

　本章では，このような状況を乗り越えてきた背景とともに，"Are You Global-Ready?" のスローガンのもと，「高校生の留学の学びを保障する」「留学の学びを最大化する」ために本校が行ってきた取り組みを紹介し，高校留学の意義について振り返りたいと思います。

東明館高等学校 Global Study コース・国際ハウスの紹介

　東明館高等学校は 2018 年より，国際教育を重視した学校教育の

取り組みとして，Global Study コースを設置しています。このコースは，「社会に貢献できるグローバル人材の育成」「海外留学による英語運用能力の向上」「異文化体験を通じた異文化感受性の育み」を教育目標とし，英語運用能力はもちろん，国際感覚や異文化理解の力を養うことを重視した教育を目指しています。学内の授業だけでなく，海外留学やさまざまな国際交流の機会も提供され，生徒の視野を広げることを目指しています。2023 年度からは総合選択制導入により国際ハウスと名称が変更されていますが，累計 60 名強の生徒が，GS コース・国際ハウスの学びを得ています。国内外を問わずグローバル化がすすむ国際社会を生き抜く，開拓していく，国際社会で必要とされる教養と経験，実践力を得るための学びを提供するための素地作りといえるでしょう。

　本コース・ハウスに所属する生徒は，高校 1 年 3 学期から高校 2 年 2 学期の約 1 年間，全生徒を，カナダのオンタリオ州の複数地域に派遣します。"One School, One Student, One Homestay" のポリシーのもと，それぞれの高校に本校生徒が 1 名の状態を作ります。1 年間の留学を通して，英語運用能力を養うのはもちろんですが，日々の出来事や体験，トラブルなどの異文化接触・非日常経験から，さまざまな事を経験・吸収し，異文化適応力や異文化感受性の高まりを実感しながら，異文化での生活に順応していく力を身につけ，異文化・多文化理解をより深めます。

　英語運用能力向上のための授業や，のちに紹介する留学派遣前・事中・帰国後の取り組みとして学校設定科目（Global Study I–III, 異文化理解入門，留学入門，リフレクションクラス）を提供し，異文化体

験と留学の学びを最大化するための場作りを行っています。

　留学中の単位認定については，留学先の高校で履修・修得した単位と，帰国後の本校3学期（または後期）の成績を鑑みて，日本の文部科学省（文科省）が定めた制度の一つである「高校における外国留学時認定可能単位（高校の生徒が外国での留学経験を通じて取得した学びを，日本の高校の単位として認定することができる）」を活用し，36単位を上限に認定する形をとっています。これにより，従来の留学時の悩みの種であった，休学や原級留置の心配をせず3カ年で高校を卒業することができます。

　加えて，留学先の社会に出て，さまざまな経験を積んでほしいという思いから，現地高校生と同じく40時間以上のボランティア活動（奉仕活動）を設定しています。日々の学習で鍛えた英語運用能力，現地で培った力を発揮する場に生徒をアクセスさせることで，実地体験だけでなく学びがどの程度自身の力になっているかを感じられる場になるでしょう。

第2節　留学事前・事中・事後指導の一例

　ここでは，本校GSコース・国際ハウスにおける，留学派遣前，留学中，帰国後の学びについて紹介します。

2.1　留学派遣前の取り組み

　本校GSコースに入学した生徒は，9カ月の準備期間を経て1年

（または半年）間のカナダ留学へ出発します。ここでは，留学派遣前の授業や教育について紹介します。

　本コースでは，留学における学びと成長を「①外国語運用能力の向上」「②留学の目標設定と自身の成長」「③異文化理解・適応」の3観点で捉えており，これらの成長を促すために，留学派遣前の教育に力を入れています。

　1つ目の，「外国語運用能力の向上」にむけた取り組みとして，週6時間の一般英語の授業（英語コミュニケーションや論理表現）に加え，ESL教員（TESOL保持者）による週3時間のGS English（学校設定科目）を開講しています。また，オンライン英会話（2021年度よりWeblio英会話）を週2回導入しています。40分の英会話が留学前に70回強利用可能なため，生徒は授業内外でoutputの時間を各々のタイミングで得ることができます。留学派遣の基準として，「留学渡航前までに英検2級取得または同程度の英語力を保持する」ことを要件としています。これは，生徒の日々の英語学習に対する足場掛け的目標値として，留学先での学習や生活に必要な基本的な

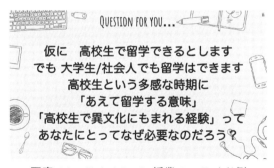

写真 6.1　Global Study 授業のスライド例

英語スキルの保証，生徒の留学中の安全と学習の質を確保するために設定しています。

　また，自身の留学アプリケーションフォームを英語で作成するところから，未成年渡航許可証（カナダ），ビザ申請書類など必要な諸手続きを英語学習の機会と捉え，英語の授業と融合させ，すべてを学びのツールとして留学準備を行う時間に使用します。

　2つ目の，「留学の目標設定と自身の成長」については，海外留学を成功させるためにはどのような事前準備や学習，予備知識，心構えが必要かを，学校設定科目である「Global Study Ⅰ（留学入門）」を通じて学習していきます。自己成長のために，どのような海外留学を歩んでみたいか，自身の海外留学による学習をデザインする授業です。ただ海外に身を置けば成長できるわけではなく，自発的，積極的な姿勢が必要になることから，海外留学のさまざまな可能性を考えた上で，各々の海外留学に対する意義，目標，希望を明確化する時間です。また，「高校生というとても多感な時期，忙しい時期になぜ，あえて留学を選択するのか」という問いについて，学期を通じて自身が納得できる回答を持つために探究し，留学前にクラスメート・保護者の前で発表する機会を設けます。自身の留学デザインを誰かに発表する・伝えることで，目的意識が明確になりますし，友人の目標を知ることができるので刺激になります。

　また，本書で取り上げられている「体験学習の循環過程」や「振り返りの大切さ」「STARS」（第2章参照）についても導入し，留学中の自身の変化や学びのプロセスを意識する，そのプロセスを振り返る大切さを事前に学習します。

写真 6.2　　　　　　　　　　写真 6.3

Global Study 授業の様子

出所）学校撮影

　3つ目の,「異文化理解・適応」については, 同じく「Global Study Ⅰ（異文化理解入門)」を通じて学習していきます。この授業では, 高校入学時から卒業時までという大きな括りももちろんですが, 留学の学びを最大化する取り組みの一つとして, 留学前から留学後までの生徒の異文化感受性の高まりを促進するために, BRIDGE Institute, また筆者が提供しているような異文化間コミュニケーションの基本的な概念を学習, 理解する場を定期的に設けることによる,「気づきと学びの深化」を目標としています。

　具体的には, 異文化コミュニケーションを学ぶ大学生が学習する基本的な内容（例：「文化とは」「異文化とは」「文化の氷山モデル」「言語・非言語コミュニケーション」「コンテクスト文化」「異文化間で生じる価値観の違い」「異文化感受性」「U,W カーブ」「カルチャーショック」「ステレオタイプ」など）を, 高校生に対し, 英語と日本語で授業を行います。このような学習には, 既出の「体験学習の循環過程」「振り返りの大切さ」「STARS」の学びが前提として展開されるため,

159

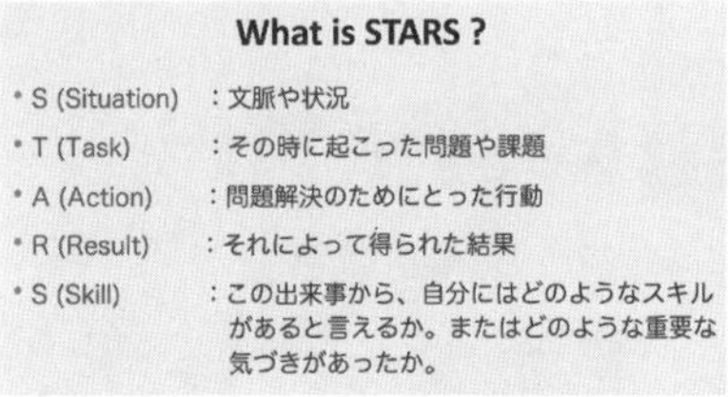

What is STARS ?

* S (Situation)　：文脈や状況
* T (Task)　：その時に起こった問題や課題
* A (Action)　：問題解決のためにとった行動
* R (Result)　：それによって得られた結果
* S (Skill)　：この出来事から、自分にはどのようなスキルがあると言えるか。またはどのような重要な気づきがあったか。

写真 6.4　STARS 説明スライド

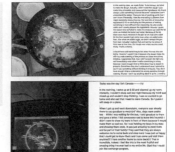

写真 6.5　STARS を用いた生徒の留学中 SNS 投稿例

授業のたびに振り返り、その瞬間の生徒が感じたこと、考えたことなどがポートフォリオ化されています。

　このような学びを留学前から行うことで、留学中に自身が経験するさまざまな事象を、主観的に、そして客観的に見ることができ、生徒が、自身の留学の学びを最大化するためのツールになると考えています。

2.2　留学派遣中のサポート体制

　2.1 で示した学校独自の海外派遣事前の取り組みを終え、高校 1 年生 3 学期〜高校 2 年生 2 学期（1 月〜12 月末）までの約 1 年間、カナダのオンタリオ州にある、複数地域にわたる公立高校に留学することになります。

　本校では、生徒たちを現地まで責任を持って送り届ける、そして現地でのオリエンテーションを行うために教員が引率することが多

いです。2022 年度の例では，本校教諭（筆者）が，出発から到着後数日間，現地校査察も含めて引率をしました。到着後 1 泊し，翌日は会場を借りて，現地教育委員会・留学中の現地サポートを依頼しているMLI スタッフ・私による「留学派遣最終オリエンテーション」と「派遣中の緊急時対応ガイダンス」を行います。そして，ホストファミリーの自宅まで送り届けるリムジンタクシーを見送る流れです。

　留学派遣中，生徒は留学生活の悩みごとやトラブルについて，基本的に MLI の日本人コーディネーター（現地在住）に相談することになっています。本校教諭に相談することも可能ですが，遠隔ではサポートできることに限りがあるため，基本的には現地MLI スタッフに一任しています。

　GS コース担当教諭（筆者）は，カナダとの時差を鑑みて，本校の 1 時限目を「GS コース業務」の時間として確保しています。この時間には，留学派遣中の生徒とのオンライン面談（1 ～ 2 か月に一度）

写真 6.6　　　　　　　　　　写真 6.7

中途訪問時の ESL クラスの様子

出所）筆者撮影

や，サポート依頼をしている MLI との定期オンライン会議，その
ほかコース担当業務を行っています。留学派遣が落ち着いてくる
と，学内の業務に追われることが多いため，この時間を設定するこ
とにより，派遣中生徒のサポートに徹する時間を確保できていま
す。

　留学が半年ほど経過した頃に，担当教員がカナダを訪問し，MLI
現地スタッフとの交流や現地高校の査察，ホストファミリー訪問な
どを行います。生徒たちにも再会し，対面での面談を行った上で残
り半年の留学の目標やゴールを再設定します。

2.3　帰国後の振り返りの取り組み

　約 1 年の留学体験を終え，日本に帰国します。本校で残された
高校 2 年 3 学期については，教育課程通りに授業が行われますが，
学校設定科目として，「Global Study Ⅱ（留学リフレクション）」が
設定されています。これは，1 年間の留学を振り返るための時間で
す。まずは，生徒が帰国後に感じる異文化や日本や学校への「再適
応」「逆カルチャーショック」の話題に触れ，振り返りに活用しま
す。また，生徒は留学期間中に既出の「STARS」を意識して日記
や SNS 投稿を行ってきました。1 年間の留学で経験したさまざま
なことを紹介したり，留学中の自身の感情の変化，感受性の高まり
を，自身の留学の記録簿ともいえる日記や SNS 投稿，学期毎の振
り返りレポートを参考にしながら，ポスターセッションやプレゼン
テーションの形で発表，レポートとして形にします。

　高校 3 年時は，「Global Study Ⅲ」が展開されますが，これは高

校 2 年時の内容を継続する，そして異文化理解入門で学んだ基本的な概念を改めて実践に絡めて改めて学びます。また，これまでの経験を踏まえた，今後のキャリアプランニングを考える時間になっています。

第3節　コロナ禍の留学派遣（限られた異文化接触の中での派遣と指導）

　ここでは，コロナ禍に本校が行った留学派遣についてまとめます。

　2020 年からのコロナ禍により，中等教育における海外留学は大きな影響を受けました。本校においても，従来から計画実施されていた海外研修や国際交流事業は延期ないしは中止となり，海外からの留学生受け入れも困難となり，高校在籍中に海外留学を希望していた生徒にとっても，実現が難しい時期を経験しました。

　本校が実施している留学派遣においても，従来のプログラムにいくつかの重要な変更が必要となりました。例えば，2020 年度の留学参加生は，オンライン授業への移行，オンラインを活用した異文化交流の導入，そして現地での健康と安全に関する追加ガイドライン，危機管理マニュアルの再考など，特別な対策を講じました。また，留学する生徒とその保護者には，パンデミックに関する最新情報と，留学中の安全対策について定期的にアップデートを提供し，学校と家庭との連携を強化しました。これらの措置により，留学生徒は困難な状況の中でも，安全かつ有意義な留学経験を得ることが

できました。

　GS コースにおいても，高校 2 年次に 1 年間の留学をカリキュラム化しているため，2020 年当初，留学派遣が実現できない場合に備えたカリキュラムを準備するために奔走しました。感染発生時にすでに留学渡航している生徒と，今後留学予定の生徒の対応に追われました。以下，それぞれ概要をまとめました。

- コロナ感染拡大前に滑り込みで渡航した生徒 -

　2020 年 1 月上旬に，GS コース 2 期生を通常通り留学派遣しました。到着約 1 週間後，日本ならびに留学先のカナダで新型コロナウイルスの感染者が確認され，すぐに拡大していきました。期待と不安に胸を膨らませて留学した生徒たちでしたが，最初の数週間ほどは学校に通学できたものの，感染拡大の影響を受けて街はロックダウン，ホームステイ先から数カ月にわたりオンライン授業に移行しました。長時間オンラインの授業を受け続けることによる肉体的・精神的健康への影響もさることながら，オンライン授業のプラットフォームの使用方法の理解度も低く，言語障壁から授業についていけないことがあり，それを相談するにも自室からのオンライン参加であるため解決が難しい，などさまざまなフラストレーションがストレスとなり，生徒の精神状態を不安視する学内教員もいました。保護者会や現地留学中の生徒との定期的なオンライン面談，そして現地教育委員会や MLI スタッフとの会議を経て，多くのサポートをいただきながら留学期間すべてを現地で過ごすことができました。

- コロナ感染拡大 (ロックダウン中も含む) 中に渡航を決断した生徒 -

　GS コースの留学先であるカナダは，2020 年 3 月 18 日にロック
ダウンを行い，同日までに就学ビザを取得していない学生・生徒の
渡航受け入れを停止しました。この時点で，2020 年 4 月に入学し
た GS コース生徒たちを目の前に，留学の実現可能性が極めて厳し
いという現実に直面し，「コロナ禍の国際交流・コロナ禍の留学」
の意義を改めて考えることになりました。今まで以上にビザ申請に
時間がかかること (ビザ発行が停止していた期間もありました)，提出
書類が多くなったこと，渡航前準備として，渡航 72 時間前までの
指定された検査方式による PCR 検査陰性証明が必要でした。当時
は陰性証明書発行だけでも費用が高く，かつ自主診療による検査で
した。渡航生徒が各々異なる場所で検査をした結果，書類に不備が
あるという事態は避けたかったことから，留学生徒の保護者ならび
に医師として働く関係者・卒業生を募り，本校駐車場にてドライブ
スルー型 PCR 検査を実施し，書類や検査手順はすべてクリアしま
した。結果として，ほとんどの教育機関が海外留学派遣を停止して
いた 2021 年 1 月に，本校生徒はカナダに旅立つことができました。
出発前 1 週間の自宅隔離，現地到着後の 2 週間の隔離を経て，現地
の学校生活がスタートしました。途中，ロックダウンも数回ありま
したが，それでも生徒たちは前向きに「コロナ禍でしかできない留
学体験」を得るべく，生徒たちそれぞれがオンラインを通じて助け
合い，高めあい，本校教員団が予想する以上の成長を遂げて帰国し
てきました。次ページに，コロナ禍に留学を経験した卒業生の声を
載せていますので，ご覧下さい。

Column 14

✏️卒業生の声　留学中の挑戦から生まれる成長：
コロナ禍で見つけた自己発見の旅

　私が高校での留学を選んだ理由は，英語学習に興味があったことはもちろんですが，高校生という時期は，留学を希望する人の多い大学生よりも多感であり，新しい環境により柔軟に対応できる時期だと考えたからです。自国と言葉も文化も異なる国で約1年も過ごすということには不安は感じましたが，この多感で柔軟な時期に異国での生活を経験するからこそ，柔軟な対応力を得られると考えました。特別なイベントやボランティアなどの体験からだけではなく，普段の留学生活や学校生活など，日常の些細なことからも多くを学ぶことができると期待し，より実践的な英語学習と国際的な経験を求めて，GSコース入学と高校留学を選択しました。

　留学は異文化や価値観，行動様式の違いを直接経験する貴重な機会です。ホストファミリーとの関係性や学校での過ごし方など価値観や行動力の違いによってすれ違いができてしまうこともありました。学校では，同年代の生徒が集まるため，特に文化による価値観や行動力の違いがわかりやすい場所だったと思います。例えば，授業では積極的に発言をしないと参加したとみなされなかったり，先生から生徒に質問を投げかけるよりは生徒自身が気になったことをその場で聞く必要があったりと，留学初期には日本の教室環境との違いに戸惑いは多かったです。またカナダの高校は，履修登録制です。限られた授業数の中で，何に興味があり，何を学びたいかを決めるのは，時に挑戦的でした。

　コロナ禍での留学は，予想通りではありましたが，特に「他者との交流機会が物理的に減少した」ことで悩みました。2021年2月のカナダ留学開始直後，まず2週間の隔離生活が必要でした。ホストファミリー宅にいるものの，別室隔離で対面交流ができません。留学初日からの隔離で，限られた英語力の中でテキスト上の会話を強いられ，自分の思いや伝えたいことが伝わらず，またホストファミリーの意向を汲み取ることの難しさや，自身の英語力の不足を痛感しました。学校が始まって2カ月後の4月からは数カ月間ロックダウンが実施され，対面授業が全てオンラインに移行しました。外出制限下で，自室で数時間一人で授業を受けることは，精神的に辛かったと記憶しています。

　高校時代の留学を振り返ると，コロナ禍で他者との交流機会が物理的に制限された経験は，通常の留学では得られないほどの，強い成長を実感させてくれ

たと思います。交流機会が限られ，コロナの感染者数が日々報じられる中，ロックダウンの不確実性に直面しながら交流の機会をうかがいました。次第に交流の機会が増えてきたと同時に，その機会を積極的に活用し実りある体験にする，という前向きな姿勢を身につけることができました。例えば，対面授業や部活動が再開された際には，積極的に関わりを持ち，ホストファミリーとのボランティア活動を通じて新たな友人を作るなど，留学前には見せなかった積極性を発揮しました。引っ込み思案だった私を変えてくれる環境がありました。

　また，コロナ禍の留学だからこそ，日々の些細なこと，ネガティブな状況をポジティブに捉える，そう感じるように意識する力が一層育まれたのでは，と感じます。留学当時はネガティブに感じていた機会の少なさやホストファミリーとの関係も，大学生になった今思い返してみれば，機会が少なかったからこそ一つひとつの瞬間を大切にできたし，ホストファミリーとの関係性に悩んだ経験があったからこそ自分とは異なる価値観に直接触れることや，第二言語で自分の意見を主張する，伝える力を身に付けることができたと感じます。

　帰国後，自身の留学体験や学びを振り返る授業があり，自身の感受性の高まりや感情の変化を日々の日記から抜き出しながらグラフ化，プレゼンテーションにまとめました。後に，コロナ禍の留学経験を，学会（グローバル人材育成教育学会 第7回九州支部大会）で発表する経験もできました。

　このように，高校での留学経験は，私の大学選択に大きく影響を与えました。英語に興味を持っていたことから，留学前は「英語を学ぶ」学科に進学をすることを考えていました。しかし，留学を行い学校生活やホストファミリー，日々の生活を通し「英語で学ぶ」楽しさに触れたことや自分の興味深い分野を探究するために自分でカリキュラムを選択する重要性を実感しました。自分が真に求める教育環境を提供する大学を選んだのち，現在はバイリンガル教育とリベラルアーツな学びに重きをおいている大学に在籍し，大学生活を送っています。

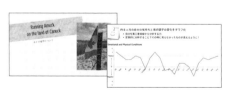

学会発表時のスライド

留学を過ごしたオリリアの街の写真

A.H さん（GSコース3期卒業生，国際基督教大学進学）

　このコロナ禍で得た教育的支援，教員側の学びを大いに活用し，今後の本校の教育活動に活かしていきたいと思っています。

 ## 第4節　留学・国際交流の学びの最大化をめざして

　コロナ禍当初から，オンラインを利用した新たな留学プログラムや交流企画を設計しつつも，同時に，渡航制限緩和を見越した留学派遣の準備も並行して行っていました。状況を見通せない中ではありましたが，結果的に，渡航の制限緩和や2週間にわたる自主隔離や現地での活動制限を受け入れた上で，コロナ禍でも「モビリティを止めない留学派遣」「留学で得た学びを最大化する取り組み」を継続することができたことになります。そのような生徒たちの多くは総合型選抜受験方式を受け，結果として国内外の国際，外国語学系分野に進学しています。未曾有の事態の中，イレギュラーな環境下という留学で得たグリット（Grit）を評価してくれる教育機関は多かったように感じています。

　このように，置かれた状況の中で，モビリティの有無を超えたその時々の最良の国際交流，留学派遣ができるように挑戦を続けています。そのような中，2023年度からは，学校のカリキュラム改革により，普通科総合選択制となりました。生徒がカリキュラムとシラバスを確認し，生徒各々が履修登録をして受講する形となっています。GS Study I～III（留学入門，異文化理解入門など）も学校設定科目となり，単位化されています。今まで以上に，留学や国際交流

に興味関心がある生徒が海外研修や留学に挑戦しやすい環境が提供できると思いますし，このコロナ禍で得た教育的支援，教員側の学びをフル活用し，今後の国際交流・海外派遣カリキュラム開発に活かしていきたいと思っています。

　コロナ禍の規制緩和が進み，生徒保護者が安心して海外研修に参加できる時期に備え，国内外での多彩な学びを提供できるように計画していきたいと思っています。具体的には，従来のESL研修だけでなく，中高生にモビリティのある留学にしかできない経験ベース型・非認知能力の育成・向上を主眼に置いた海外文化研修プログラム（2週間：シンガポールとオーストラリア）として，DIVE Program（Developing our Intercultural Values through English learning）を学校設定科目（夏期集中2単位）として設定し，40名近くの生徒が履修・修得しました。この研修プログラムは継続されますが，今後も，高校の3カ年を通じて毎年何かしらの海外研修を展開できるような，グローバル・アクティブラーニング・プログラムを作ろうと計画しています。また，本校教員が留学アドバイザー，ガイダンス教員となって留学や海外研修をサポートできる海外留学準備室のような機能を持った部に展開していきたいと考えています。

　今後も留学の学びを最大化するための実りある留学派遣前学習，派遣中のサポート，事後振り返りの強化のためにカリキュラムやシラバス作成，授業内容のアップデートを図る予定です。また，この過程や実践から得たものをカリキュラムの中核に置き，改めて生徒に獲得させたい知識や能力，学びの目標を再考し，本校の国際教育

に関わる教育目標に組み込んでいきたいです。

　過去 5 年間にわたる GS コース・国際ハウスの取り組みを振り返りました。事前，事中，事後の指導方法や，コロナ禍における留学派遣の対応策について具体的な例を挙げ，本校における留学・国際交流を通じた学びと成長の様子を共有しました。本章の執筆を通じて，現在行っている「生徒自身が高校生という多感な時期に留学する意義と目標を立て，留学し，効果的な振り返りによって自身の実践値を得る」という体験学習の意義を，再認識することができました。また，留学派遣における事前・事中・事後それぞれの場面で，生徒自身，生徒同士の学びを促すような足場がけを行うことが，彼らの成長につながっているように感じています。留学経験を通じて培われた英語運用能力，実践的な価値，留学中の心の揺らぎや成長，そして本校プログラムで学習したすべてが，生徒の大切な財産として今後の人生に活かされることを期待しています。

（松本　哲彦）

第 7 章

COIL（Collaborative Online
International Learning）とは？

第1節　COIL とは

　COIL とは，Collaborative Online International Learning の略で，日本語では「オンライン国際協働学習」と呼ばれる，国際教育の1手法です。COIL の基本形態は，自校の1科目と海外連携校の1科目とをマッチングし，相手校の教員と一緒に協働学習のデザインを行い，双方の科目履修生が授業に組み込まれたオンライン協働学習に取り組むという教育実践（池田，2020; SUNY COIL CENTER, N/A）です。この教育実践では，オンラインでディスカッションを重ねながら，協働で課題に取り組む活動を通じて，授業内容の理解だけではなく，異なる文化背景を超えて課題解決のために対話を通して協働するスキルを修得することが期待されています。

　COIL は 2004 年にニューヨーク州立大学（SUNY）で COIL CENTER が設立されて以降，世界中で教育実践が拡大しています。日本においては，2014 年に関西大学が他大学に先駆けて実施し始め，2018 年に文部科学省による大学の世界展開力強化事業で「COIL 型教育を活用した米国等との大学間交流形成支援」をテーマに 10 のプロ

グラムが採択されたことをきっかけに国際教育の 1 手法として広く
認知されるようになりました。さらに，2020 年の春頃から拡大し
た新型コロナウイルスによる世界的なパンデミックにより，人的移
動を伴う留学が制限されたことで，COIL は国際教育の手法として
今まで以上に注目されています。

　COIL は，国外の大学・高校などの授業をオンラインで受講する
オンライン留学とは異なり，自校と海外連携校でそれぞれ授業を担
当している教員同士が協働で学習デザインを行い，双方のコースデ
ザインに両校の履修生による協働学習が組み込まれていることが大
きな特徴です。実際の協働学習においては，同期型・非同期型の 2
種類の交流があります。同期型の交流は，Zoom や Skype などを使
用し，双方の履修生が同時に交流をする形態です。一方で非同期型
の交流は，LINE や WhatsApp Messenger などの SNS アプリや E
メールなどを使用し，時間帯を気にせずに意見交換をする交流のこ
とです。COIL 型授業のデザインは，それぞれの教員・履修生のニー
ズや，双方の授業目標の設定，時差や使用できるオンラインツール
などの影響を受けるため，そのプロセスは複雑です。

　COIL の実践事例として，本章では，筆者が勤める南山大学の
COIL プログラムの概要を共有し，2021 年度に担当した国際産官学
連携 PBL（Project-based Learning）授業のデザインを紹介します。

第2節　南山大学の COIL の取り組み

　南山大学は，2018 年よりベーシック，アカデミック，PBL の 3 つのステップから構成される NU-COIL プログラム授業を実施し，グローバルに活躍するための力を身につけることを目的としています（図 7.1）。

● STEP 1：ベーシック COIL

　STEP 1 のベーシック COIL は，文化交流や言語学習のためのディスカッションを通してお互いの国や地域，文化の共有を目的としており，NU-COIL の協働学習の中で初級に位置づけられています。この 1 例[1] として，南山大学の英語の授業と米国連携大学の日本語の授業をマッチングし，日英両言語を使用しながら毎週 30 分の同期型の交流を行った実践例があります。履修生は，交流を通して言語スキルを磨き，互いの文化について比較するリサーチを行い，その結果を各自がレポートにまとめました。このようなベーシック COIL 授業は，双方の学生にとって相手国や大学へ興味を持

STEP1	STEP2	STEP3
ベーシックCOIL	**アカデミックCOIL**	**PBL COIL®**
SNSなどを活用したオンライン上での文化交流や言語学習のための交流。簡単な意見交換を行う初級者向けの授業です。相手の国・地域や大学に対する親近感を向上させ，短期留学の入り口としての役割を果たすものです。	政治，経済，文化などの専門科目をベースにCOIL授業を行います。議論や協働プロジェクトの内容も，文化の比較に加えて双方の専門性が加わります。長期留学前に受講することで，留学時の学習ハードルを下げることができます。	企業や団体，官公庁が抱えているビジネス・行政上の課題を両国の学生が協働で調査，議論し，その解決策を提案する実践型の授業。高い言語能力と専門性が問われる上級科目です。

※ PBL＝Project Based Learning

図 7.1　NU—COILの3つのステップ

出所）NU-COIL パンフレットより抜粋

つきっかけとなり，短期留学そして長期留学への動機づけにつなが
る役割を果たしています。

●STEP 2：アカデミック COIL

　STEP 2 のアカデミック COIL は，政治，経済，コミュニケーショ
ンなどの専門科目の履修内容をベースに COIL を行います。今まで
に，南山大学外国語学部アジア学科の演習科目と，米国連携大学
のアジアの国際関係をテーマとした科目とで COIL を行い，英語を
使った非同期型の交流を通して東アジアの国際関係に関するグルー
プディスカッションとレポートの作成を行った例があります。また
別の例としては，国際教養学部の演習科目と，米国連携大学の上級
日本語科目とで COIL を行い，日英両言語を使用し同期型・非同期
型の交流を通して，履修生たちは新型コロナウイルスに関する日本
とアメリカの政府の対応についての比較研究を行い，学習成果をプ
レゼンテーションビデオにまとめる協働学習を行ったものもありま
す。

　このような学術的学びを引き出すアカデミック COIL は，長期留
学（派遣・受け入れ）前に受講することで，留学時の授業履修の練習
となり，授業参加の不安解消や，モチベーションアップに役立て
ることができます。長期留学を経験した学生の多くが，「留学前の
COIL 授業のおかげで現地に行く前から知り合いがいて，留学が心
強かった」「留学先でオンライン交流した友人と再会できた」とコ
メントしており，本授業が協働スキルを学ぶ目的を超えた留学への

ポジティブな効果を創出していることが推察されます。

●STEP 3：PBL COIL

　STEP 3 の PBL COIL は課題解決の実践型科目で，長期の派遣留学やその他の COIL 科目を経験した学生向けにデザインされています。NU-COIL プログラムと連携する東海地区の企業や団体，官公庁より，事業を進める上での課題を共有いただき，南山大学と連携大学の学生がグループで課題の定義・調査・解決策の提案を行います。PBL COIL は，高い言語能力を駆使し，互いの専門性や調査内容を持ち寄りながらグループワークを進め，連携企業や団体，官公庁の担当者に課題解決策の提案を直接行う上級科目です。本科目の例については次の節で詳しく紹介します。

　以上が南山大学で実施している 3 つの COIL 型授業のカテゴリーになります。COIL 型授業のデザインは，教員同士が協働しながら進めていくため，時間と労力がかかります。しかしながら，教員がデザインした内容とその労力以上に，履修学生たちの気づきや学びが大きいことを実感しています。COIL 型授業の実践に興味のある方は，まずは教員同士や協定校のネットワークを活かして，仲間を探し，ちょっとした会話をしてみることをお勧めします。そして，グループ課題に取り組むようなアカデミック COIL や PBL COIL よりも，初級のベーシック COIL の実践からまずはやってみることが大切です。例えば，数回双方の課題に必要な情報についてディスカッションをしたり，インタビューをするような形で交流を持つこ

ともできます。授業実践例や，NU-COIL のルーブリックなどの情報は，南山大学 NU-COIL ホームページを参照ください。

 ## 第3節　2021 年度実施国際産官学連携 PBL D2 科目の事例について

　ここでは南山大学と米国連携大学の 1 つ，メリーランド大学ボルティモアカウンティ校（以下，UMBC）の学生が挑戦した「Nanzan Anime Study Tour フィールドトリップ企画」についての PBL COIL 実践事例について紹介します。南山大学は，共通教育科目実践知形成科目として国際産官学連携 PBL 科目を開講しています。この 1 科目と，UMBC の Business Japanese とをマッチングし，7 週間（100 分授業 7 回）の課題解決プロジェクトをデザインしました。以下，南山大学の PBL COIL 科目担当者の視点から本プロジェクトについて説明します。

●プロジェクト課題について

　2021 年度の授業では，筆者の所属する南山大学国際センターの抱える事業課題をプロジェクト課題としました。南山大学は 1974 年に外国人留学生別科を設立して以来，日本語，日本文化に関する質の高い教育を外国人留学生向けに提供しています。今後留学生の受け入れの裾野をさらに広げ，より多くの留学生に南山大学で学んでもらうために，2023 年新たに英語を使用言語とし，日本のアニメをテーマにした短期の夏期留学プログラム「Nanzan Anime

Study Tour」を開講する企画を当時進めていました。スタディツアーは3週間のプログラムで，日本のアニメを通して日本の文化や歴史，社会について学ぶ講義とその学びを深めるフィールドトリップ，南山生との交流から構成されています。企画を進める中で，フィールドトリップに関しては，ぜひ日米の学生協働で，スタディーツアーのターゲット学生にとって魅力的で，かつ講義内容の学びを深める旅先の提案をして欲しいと考えるに至り，本科目のプロジェクト課題にすることとしました。

　通常であれば，国際センターの企画者から，留学を取り扱う旅行社に相談し旅先を決めていきますが，今回は授業課題として履修生に取り組んでもらうにあたり，連携先企業，団体を探しました。趣旨に賛同いただいた株式会社 JTB 教育旅行名古屋支店，一般社団法

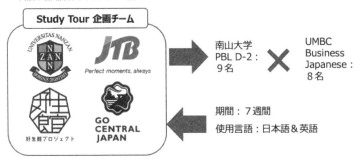

課題
1. 1泊2日のフィールドトリップ　1回
2. 半日のフィールドトリップ　2回
上記3つのフィールドトリップを検討する。検討した内容を各グループ10分までのプレゼンテーションビデオとして準備し，最終授業日にスタディツアー企画チームに向けて共有する。

図 7.2　プロジェクト概要

出所）筆者作成

人中央日本総合観光機構，株式会社好生館プロジェクトとスタディ
ツアー企画チームを発足し，企画チームからの事業課題としてプロ
ジェクト課題を図 7.2 に記載の通り，1 泊 2 日のフィールドトリップ
案 1 つと半日のフィールドトリップ案 2 つの提案と設定しました。

　南山生 9 名，UMBC 生 8 名が各授業を履修していたので，計 5
チームを形成し，各チームのアイディアを実際のスタディツアーの
フィールドトリップ企画の参考にするというデザインにしました。
最終発表は 7 回目の授業時に行いましたが，時差の関係上 UMBC
の学生は参加できず，プレゼンテーションは事前にビデオを作成す
るという課題になりました。

● 課題解決に向けての授業デザイン

　フィールドトリップ案を旅行会社に依頼する際には，依頼の背
景，スタディツアーの内容，フィールドトリップへの要望などを伝
え，そこから企画を練ってもらいますが，この課題では普段旅行会
社が行っている仕事を日米の履修生に行ってもらわなければいけま
せん。期間が 7 週間と短い授業のため，課題の取り組み方について
流れとスケジュールを履修生に共有する必要がありました。そのた

教員によるプロジェクト課題進行の状況分析：
　時差がメリーランド州（米国東部標準時）と 13 〜 4 時間あり，同期型で
双方の授業時間に交流することは不可能である。
　グループメンバーとのチームビルディングのために，少なくとも 1 度は
同期型でプロジェクトの説明などオリエンテーションをする必要がある。
　時差の関係上，同期型の交流機会が限られるため，各自がリサーチを行
い，協働でフィールドトリップ案を考える際に材料を持ち寄る形が望まし
い。何もかも一緒に調べて議論するという時間はない。

め，まずは南山大学，UMBC の教員間でプロジェクト課題進行のための状況分析を行い，それを踏まえた上で，プロジェクト課題の取り組み方を連携企業・団体と話し合いました（表7.1）。

表 7.1　PBLD 2 コーススケジュール

週	日程	授業内容	Scaffolding（足場がけ）
0	9/14	【同期型】コース オリエンテーション (9:00 JST, 20:00 EDT)	・顔合わせ、アイスブレイク、自己紹介 ・Nanzan Anime Study Tour企画の概要説明 ・グループ分け、連絡手段の確認
1	9/16	課題説明、旅行企画手法レクチャー (株式会社JTB教育旅行名古屋支店、一般社団法人中央日本総合観光機構担当)	・南山生旅行先深堀りワークシート課題実施 ・グループ内のコミュニケーション確認アンケート作成 ・レクチャーの録画、UMBCへの共有　　UMBC：・ターゲット層に対するニーズ調査実施
2	9/23	インバウンド旅行の事例に関するレクチャー (一般社団法人中央日本総合観光機構担当)	・課題に対する進捗報告、フィードバック ・グループ内のコミュニケーション確認アンケート ・レクチャーの録画、UMBCへの共有
			授業外同期型グループミーティング実施
3	9/30	旅行先調査 X ニーズ調査のディスカッション結果共有、グループミーティングの振返り、ピアフィードバック体験学習、文化に関するミニレクチャー	・課題に対する進捗報告、フィードバック ・グループ内のコミュニケーション確認アンケート
4	10/7	中間発表	・中間報告書の提出、フィードバック ・中間発表に対する連携企業・団体講師のフィードバック ・Google Jamboardを使用したピアフィードバック
5	10/14	最終発表準備	・評価ルーブリックの共有 ・制作物、提出物の確認
6	10/21	プレゼンテーションレクチャー (株式会社好生館プロジェクト担当)	・グループワークの進捗確認、質疑応答
7	10/28	最終発表 (UMBC生と撮影した発表動画を使用)	・連携企業・団体講師、教員によるフィードバック ・振返りレポートの提出

出所）筆者作成

　授業1回目が始まる前にコースオリエンテーションを設け，南山生，UMBC 生，教員，連携企業・団体講師が一堂に Zoom 上に集まり，プロジェクトの概要説明とチームビルディングを行いました。学生たちはこの時に顔を合わせ，連絡手段を確立することができたことで，授業開始とともにグループワークをスムーズに進行できました。

　南山側の授業 7 回は，基本的に対面で行い，授業 1 回目，2 回目には連携企業，団体の講師による旅行企画手法やインバウンド旅行に関するレクチャーを実施し，その録画を UMBC の教員に共有し

ました。この間授業外の課題として，南山生は東海地域の旅行先を
リサーチし，UMBC生はターゲット層にオンラインアンケートを実
施しました。そして第3回目の授業までに同期型のミーティングで
互いのリサーチ結果を共有し，フィールドトリップ案を検討しました。

　中間発表では，連携企業・団体からの講師に対し報告しフィード
バックをもらうことで，最終発表に向けて各グループがどのポイン
トを検討し，提案内容を改善できるか検討しました。また，最終発
表に向けて，講師よりビジネスプレゼンテーションの講義を受け，
各チームビデオ作成を行いました。

　履修生は講師陣から，南山大学のスタディツアーだからこそ訪れ
ることができる東海地方の旅先，そしてどのようなテーマの旅なの
かを明確にというアドバイスをもらっていました。アニメの聖地巡
礼や，日本のポップカルチャーに触れる観光地を選択していた学生
たちは，この2つの視点を踏まえて，最終案を作成するのに議論
を重ねていました。最終的に，あるグループは日本におけるジェン
ダーという社会問題に着目し，観光で学べる日本のジェンダーを
テーマに旅行企画を発表しました。

　最終発表を終えて，南山生からは，「企画の過程を他グループと
共有しフィードバックをもらえたことが刺激となり，モチベーショ
ンになった」「課題を深掘りし，解決したい問題を定義するには，
メンバーとディスカッションし，アドバイスをもらい再考すること
が大切である」「ハプニングに柔軟に対応するためには，グループ
メンバーとの関係構築・コミュニケーションが大切である」といっ
た声が寄せられており，多文化間で課題解決をするにあたって重要

なスキルをそれぞれに実践的に修得したように思います。

第4節　COIL 授業デザインに向けて

　本章では，COIL の概要，南山大学における NU-COIL プログラムの3つのステップ，PBL COIL の実践事例について説明しました。最後にまとめとして，教員として COIL をデザインするにあたり，心に留めておきたいことを紹介します。1つ目は，難しいかもしれませんが，時間に余裕を持って始めることです。COIL の実践には，連携先の教員と協働学習をデザインするため，関係構築，コミュニケーションが大切です。相手の授業計画や目標を知り，双方の学生にとってメリットになるためにはどのような可能性があるのか？という議論が事前に必要です。また，時差やスケジュールを調整して議論することも，学生同様に，教員自身も連携先の教員との協働で体験することです。まずは自分自身がそれをする覚悟を持つことが大切です。

　2つ目は，ハプニングに対して柔軟に対応する心構えです。COIL 実践は複雑です。双方の教員がデザインした通りに実践が進まないことが多々あります。例えば，グループワークで，履修生が他のメンバーとの交流に参加しなくなってしまうこともあります。その時，残されたグループメンバーはうまく交流できているグループとは異なる体験になります。このようなケースは，実際に社会に出て国際的に働いてみると十分に起こり得ることです。困っている

学生たちにはそれを伝えた上で，グループワークを進める上で他の
オプションがあるのかを問い，教員としてどのようなサポートがで
きるかを伝えることに留意しました。また，教員同士の間にもミス
コミュニケーションや連携ミスが起こり得ます。筆者自身，ミスが
起きた際には素直に相手に事情を説明して謝り，主体的にコミュニ
ケーションをとることの大切さを学びました。

　COIL は，教員にとっても履修生にとっても多文化間共修の学び
の場であるといえます。普段教員は学生の多文化間の学びをサポー
トする側に回り，自分自身の多文化間の学びに目を向ける時間がな
いものですが，連携先大学の教員と協働しながら COIL デザインに
向き合い，実践し，振り返るという一連のサイクルは，教員自身に
とっても文化的多様性を活かしながらコミュニティで学び合う絶好
の機会となります。COIL に関心がある方は，ぜひ仲間を作って，
少しずつ実践されてみてはいかがでしょうか。

（小野　詩紀子）

【注】

1)　STEP 1-3 の COIL 型授業の例は，南山大学 NU-COIL ホームページをご参
　　照ください。https://office.nanzan-u.ac.jp/ncia/global/（2023 年 12 月 12 日閲覧）

【引用・参考文献】

池田佳子 (2020)「ICT を活用し海外の学生と行う国際連携型の協働学習「COIL」
　　の教育効果と課題」『大学教育と情報』2 (171), pp.20-25.
SUNY COIL CENTER (n.d.). What is COIL? SUNY COIL CENTER Center:
　　Collaborative Online International Learning. https://online.suny.edu/
　　introtocoil/suny-coil-what-is/（閲覧日：2023 年 12 月 12 日）

第 8 章

立命館アジア太平洋大学FIRST・SECONDの実践：
「不確実性」と「不安」を活かす異文化回遊型フィールドワーク

　異文化体験を通して学ぶ研修プログラムは，異文化間コミュニケーションのスキルや異文化感受性を育むものとして多くの大学で催行されてきました。ここでは立命館アジア太平洋大学（APU）が2007年から開始した初年次向け異文化体験研修プログラム「Freshman Intercultural Relation Study Trip（FIRST）」を例に，海外異文化研修プログラムの理論的な枠組み，構成について解説します。さらに，コロナ禍によって海外派遣を断念せざるを得なかったことから，代替案として行われたオンライン版の同プログラムにも言及し，異文化研修プログラムの新しい形について紹介します。

第1節　Freshman Intercultural Relation Study Trip（FIRST）

　FIRSTは1回生を対象としたプログラムで，約5日間をかけて，韓国で指定された都市間を自力で移動し，自分たちが決めたトピックについて現地でフィールドワークを行うものです。実施年度によって訪問先が変わりますが，例えばまず第1日目，ソウルに到着したところで小グループがそれぞれくじを引きます。くじには，韓

国国内の都市名が書かれており，各グループはその指定された都市に自力で移動し，宿泊先も現地で手配します。移動した都市では，事前に準備したアンケートを使ってフィールドワークを行います。タスク終了後はソウルに戻ります。

　このプログラムは，事前に与えられる情報を最低限に抑えるため，初日に移動先を指定されたところから，学生は手探りでタスクに取り組み，現地の人々の協力を得ながら遂行していく必要があります。このような仕掛けの中で，異文化感受性が刺激され，初歩的なフィールドワークの手法を学び，グループワークの基礎的なスキルの学習，さらにリフレクティブな学習者になるための道筋を見つけることを目標としています。フィールドワークにおいては，小グループで 200 枚程度のアンケートを回収するために多くの現地の皆さんと積極的なコミュニケーションを取ることが求められます。オンラインの地図や翻訳ソフトの使用不許可という条件が出されるため，現地の住民の方々との異文化間コミュニケーションによる情報収集を行わない限り前進できません。派遣地での危機管理と毎晩の振り返り討議のファシリテーションの補助として，TA（ティーチング・アシスタント）が一人ずつつきます。TA は，現地出身の学生または過去の FIRST 参加者です。

　当初このプログラムは，今後交換留学を目指す初年次生へのプログラム（文字通り，FIRST な体験）として計画され，初回は韓国，台湾，香港の 3 ヶ国・地域へ 53 名の学生が派遣されました。新型コロナ禍以前は，韓国または台湾に最大 300 名規模まで拡大されました。また，英語基準で入学した国際生用のプログラムとして，同じ

フォーマットで九州においてプログラムを展開しています。

　FIRST には，プログラム設計上 2 つの特徴があります。1 つ目の特徴は，このプログラムは，経験学習の循環理論 (Kolb, 1984) と不安・不確実性調整理論 (AUM 理論) (Gudykunst, 2005) という 2 つの理論に基づいて設計されていることです。2 つ目の特徴は，このプログラムは初年次向けであることから，各自の学びを最大化できるような「学びの目標」を設定させることで，大学生として，また生涯学習者として必要とされる認知・非認知スキルを向上させることを意図していることです。以下，それぞれ紹介します。

特徴①：経験学習の循環理論と不安・不確実性調整理論 (AUM 理論)

　経験学習の循環理論については，第 2 章で説明した通りです。FIRST では事前準備授業，授業 (異文化実習による具体的体験)，事後授業 (実際の経験を踏まえた内省的観察，抽象的概念化，能動的への実験) がセットとなっており，この組み合わせによりコルブのいう「学びのサイクル」を大きく一巡させます。同時に学生は現地滞在中に日々の学びのサイクルが完成するように，毎晩自らの行動や感情を振り返り (内省的観察)，なぜそのように感じたのか，それがどういう意味を持つのか話し合い (抽象的概念化)，次の日の体験への準備 (能動的実験への準備) をするような話し合いをします。この振り返りの活性化のために，教員はディスカッション・テンプレートを用意しています。さらに，内省の一助として後述する学びのルーブリックも導入しています。このように体験学習が深まるような教育的しかけを作っています。

185

　また，AUM 理論を参照し，学生の認知的な不確実性と心理的な不安の度合いを調整し，異文化体験の学びが最大化されるように設計しています。AUM 理論では，異文化間コミュニケーションを成り立たすためには認知面（状況が読み取れないような「不確実性」）と情動面（異なる文化背景を持つ人と対峙することからくる「不安」を調整管理する必要があると考えています。これを応用しこの 2 つの要因を適度に学習者に与えることによって，異文化間感受性やコミュニケーションを学習させられると考えられています。

　FIRST プログラムでは AUM 理論の「不確実性」と「不安」を，大きく分けて 2 つの側面で取り込んでいます。1 つは 6 名の小グループ活動にしている点です。すべての学びの活動は，性別・出身地などを考慮して，多様性を高めるようなグループに分けています。5 回の事前授業から始まり，5 日間の異文化での宿泊や食事を含めた集中的な共同作業・生活を通して，常に変化するグループダイナミックスを経験します。学生は特に，グループでの自分の役割，グループメンバーとのコミュニケーション，プログラム参加の動機の違い，同じ文化圏出身であっても存在する価値観の違い等に対して気づき，グループ間で話し合いを通じて調整します。グループ活動を中心においているのは，APU の多くの授業ではグループワークが多用されており，初年次生はその活用方法を身につける必要があるからです。多文化グループに参加し，個人間の違いを乗り越え，グループを協働学習の場として学ぶスキルを身につけさせることは，APU の初年次教育にとって重要な課題です。

　もう一つの「不確実性」と「不安」を意図的に形成する要素は，

異文化環境においてタスクに取り組むという活動からくるものです。FIRST では，現地での行き先は現地の国際空港に到着した時点でくじ引きを使って決定され，移動手段や宿泊地はインターネットを使わず現地の人たちに聞きながら活動を進めるしかありません。これに加え，学生が現地での調査プロジェクトのために 1 グループあたり 200 枚から 250 枚のアンケートの回答を現地の住民から得るというタスクがあります。これらのしかけによって，「不確実性」と「不安」の中で主体的にコミュニケーション行動を取らなければならない状況を作り出しています。

　現地調査での使用言語は，日本語と英語に加えて現地の言語となります。一般的な事前研修では，現地でのスムーズなコミュニケーションや活動を目指した言語学習をしますが，これとは対照的に，FIRST では学生に現地で困難な場面に多く出会わせることを意図して事前研修を設計していますので，語彙や文を多く教え込むことはしません。現地語を使うことのできる TA が危機管理上の役割を果たしますが，現地での活動においては，TA による介助をゼロに近づけることを意識しつつ，TA が活動をモニターしながら「不確実性」と「不安」の度合いをコントロールしながら異文化での学びを最大化できるようにつとめます。そのため，TA がその学びのプロセスを理解していることが大前提となります。TA の事前指導においては，理論的な説明を事前トレーニングで行いますが，TA の多くが FIRST 経験者のため，FIRST での学びの価値を経験的に理解しています。

特徴②「学びの目標」設定

　FIRST では学びの目標を授業として設定し，それらの学びが学生によってなされるようにプログラムの組み立てを行っています。以下がシラバスに挙げられている学びの目標です。

学修目標：

(1) グループ学修の方法を身につける
(2) 異文化に対する自分なりの対応方法を考えることができるようになる
(3) 海外学修プログラムにおいて，学びの目標や自己成長の目標を立て，それを貫徹できるようになる
(4) APU での4年間の学びについて計画を立案し，それを実行するための手だてを考えることができる

　ただし，大学1年生にとって，このような学びの目標を提示するだけでは，それがどのように自分の現地での学びと結びつくのか明確に把握することは難しいです。そのため，FIRST では上掲の目標を下敷きに，学生自身に自分の学びの目標を作成させています。自分の言葉で目標をたて，到達度によって「劣っている」「普通」「優れている」「特に優れている」の4段階のルーブリックを作成し，1日の自分の行動や態度を評価します。また，振り返りのディスカッションやレポート作成においても，そのルーブリックを活用します。このように，大きな学びの目標に紐づけられた具体的に小さな目標をクリアしていくことによって，学びのプロセスを可視化しま

す。また，日々の振り返りを通してどのように計画を立てていけば良いのかを学び，内省的な学習者（reflective learner）としての一歩を踏み出すことができます。

 第2節　FIRST のオンライン化の試み

　2019 年からのコロナ禍においては海外派遣が不可能となり，2021 年から FIRST のオンラインでの開講が開始されました。オンライン化において主に課題となったのは，海外での異文化接触によって発生した「不確実性」と「不安」をどのように学生に与えるのかでした。ただし，プログラム自体の枠組みについては理論的かつ経験則的に変更をする必要を認めませんでした。

　まず現地派遣型と同じように，事前授業において調査プロジェクトを計画し，アンケートやインタビュー項目の作成を行いました。また，異文化接触の部分については，事前には一切調査協力者の手配をしないこととし，実習当日にはじめてキャンパスにいる留学生にコンタクトをとり始め，そこから電話，メッセージアプリなどを使い芋蔓式に国内外の協力者を集めることとしました。事前に協力者との予約などを禁止したため，現地派遣の場合と同じように，開始時の緊張を十分に与えることができました。また，対面でない分コミュニケーションの方法についての戸惑いや，行き違いなどが自然と発生し，現地とは違う異文化間コミュニケーションではありますが，「不確実性」と「不安」を十分に引き起こすことが可能とな

りました。また，アンケートやインタビュー数も多めに設定し，さらに調査協力者との長いコミュニケーションの時間を担保するために，インタビュー数を多く取るように指示をしました。

　ただし，オンラインでの FIRST が現地派遣と大きく異なるのは，現地派遣の場合，5 日間ほとんどの時間を同じ空間で過ごすことによるストレスであったり，また外国を現地語の手がかりがないままインターネットを使用せずに移動しなければならないこと，移動や実習による肉体的・精神的疲れなどが大きく「不確実性」や「不安」を増幅させていましたが，オンライン実習では，実習時間と振り返りディスカッションの時間以外は，自分の空間・生活に戻ることになりました。しかしながら，事後授業での振り返りディスカッションや振り返りレポートからは，現地派遣時のような現地文化についての学びへの言及は少なかったものの，通常の学生の報告に見られる粘り強さ，計画性，協調性，外交性など非認知能力の向上については多くの報告がなされていました。さらにオンラインのプログラム施行後の事後アンケートでは，現地派遣型よりもプログラムに対する評価が高く，また望んでいた学びについても達成されたという結果にもなりました。海外渡航はあくまで手段であるにもかかわらず，現地派遣型は行くこと自体が目的化してしまい，学びそのものが意識化されにくいというリスクがあることが窺えました。海外研修プログラムにおいては，海外渡航そのものに意味があるわけではなく，異文化体験を触媒にしてどのような学びの目標をどのような方法で達成させるかのプロセスを意識かさせることが重要です。

第3節　FIRST から SECOND へ

　FIRST に続くプログラムとして，SECOND（SElf CONfirmation and Development program）を設計し開講しました。これにより，海外研修を段階的に提供することによって，学生が自分の達成度に

表 8.1　FIRST および SECOND の特徴

	FIRST	SECOND
プログラムの目的	・異文化体験 ・異文化理解 ・現地の人々との交流	・東南アジアにまたがる多様な宗教文化の理解，フィールドにおける越境的な文化の理解 ・訪問国の政治・社会・経済システムの総合的な理解 ・グループ作業を通じた，日英両言語でのコミュニケーション深化
実習時期	・春クオーターブレーク（6月1日～4日）	・夏期休暇中（7月30日～8月11日）
お勧めしたい学生	・海外での学習経験がない（少ない） ・多文化適応の基礎能力を実践的に身につけたい ・言語の壁を越えたコミュニケーション能力を身につけたい ・韓国に興味を持っている	・海外で大学レベルの学習に挑戦したい ・専門科目に繋がる，調査・研究の基礎能力を身につけたい ・在学中に反対言語[1]を上級レベルまで高めたい ・東南アジアに興味を持っている
グループワークの形態	・おもに日本語基準学生 ・1 グループ 4～6 名	・日本語基準学生と英語基準学生合同グループ ・1 グループ 4 名～6 名
開講言語	・日本語	・日本語および英語
実習先	・韓国（2017 年度は台湾）	・東南アジア（シンガポール，マレーシア，タイ，ラオス）

出所）APU アカデミックオフィス資料より

あったプログラムに参加できるようになりました。表8.1は、この2つのプログラムの比較表です。

　この表のように、SECOND は日英両言語開講となり、国際生と国内生の多文化チームが第三国でプロジェクトに取り組むこととなりました。コロナ禍前には2週間で4カ国をめぐるというさらにハードルの高いプログラムになっています。SECOND においても、FIRST と同様の理論的な枠組みや学びの測定方法は FIRST で使用したものを準用しました。FIRST 参加経験者が SECOND に参加した場合、同じ枠組みで振り返りを行うことができ、継続的に高みを目指す目標を立てる場合が多く見られます。

第4節　海外研修プログラムをさらに進化させるには

　海外研修プログラムは、派遣することに意味があるのではなく、プログラムにおける体験をどのように学びにつなげるのかを意図的に設計する必要があります。また、その設計によっては、一般的な語学や異文化を学ぶだけでなく、自己のコミュニケーションや学びに対する態度、異文化や多様性に対するオープンさ、色々な状況に対応できる柔軟性など重要な非認知能力についての気づきや学びを起こすことができます。さらに、異文化環境における協働プロセスを導入することによって、グループワークの方法、リーダーシップなどを学ばせることができます。また、教員による教育的しかけだけではなく、過去の参加者を TA として採用すること

で，学生同士の学びを促す仕組みを作ることができます。このように，短期の異文化研修であっても理論的な設計と学びに対する適切かつ意図的な介入ができれば，効果が高いプログラムを実施することが可能となります。

APU の教員と IBM の共同研究でテキストマイニングを活用し，FIRST 参加者がどのようなプロセスでどのような学びを得ているのかを明らかにしています（上甲他，2023）。FIRST と SECOND は，理論・実践・研究・プログラム改良というサイクルの中で，学習者にとってさらに意味あるものへと発展し続けています。

（近藤　祐一）

【注】

1）　APU での用語で日本語基準で入学した学生は英語を反対言語と呼び，英語基準学生の場合は日本語が反対言語になる。

【引用・参考文献】

上甲昌郎・北越康敬・筒井久美子・カッティング美紀・Jung Jonghee.(2023)「プロジェクト型の大規模短期海外研修プログラムにおける学びの可視化—グループにおける相互作用の特徴後『任せる』（他者依存）を中心に」. *Journal of Intercultural Communication*, 26, pp.63-85.

近藤祐一 (2018)「立命館アジア太平洋大学のグローバル・ラーニング」『立命館高等教育研究』18, 17-30.

Gudykunst, W. B.(2005). An Anxiety/Uncertainty Management(AUM)Theory of Strangers' Intercultural Adjustment. In W. B. Gudykunst(Ed.), *Theorizing About Intercultural Communication*. Sage. 419-457.

Kolb, D. A.(1984). *Experiential Learning: Experience as the Source of Learning and Development*. Prentice Hall.

Column 15

✐一味違う「引率」経験

　大学職員の私（執筆当時）は，1 回生向けの海外フィールドワークプロ
グラムに，「引率者」として参加をしたことがあります。ただし，「引率
者」といっても私たち職員に課されたのは，本当に最悪の事態のみを防
ぐことで，通常「引率者」という言葉から連想するような，「先導するこ
と」や「スケジュール管理」等々は一切禁止。とにかく学生たちから少
し離れたところで見守ることに徹しました。

　プログラムでは，学生は 6 人程のグループに分かれて現地で散り散り
になり，アンケート調査等の活動をするのですが，現地の空港で行き先
決めのくじ引きを行うまで，自分たちがどこに行くのか知りません。行
き先（あえて辺鄙なところに設定されている）が決まって「解散！」の声
がかかったら，あとはすべて自力で目的地にたどり着き，活動を遂行し
なければなりません。行き方もすべて一から自分たちで調べ，その日の
宿も目的地にたどり着いてから確保する必要があります。研修中はイン
ターネットも NG。各グループには，頼りになりそうな大人（「引率者」）
が着いてくるのに，一切助けてくれないという。グループメンバーの海
外経験もさまざまで，高校時代に留学経験のある学生もいれば，初めて
日本の外に出るという学生もいますが，とにかく全員で協力して知恵を
絞り，時には現地の人を頼って答えを導き出していくしかありません。

　海外という非日常において，グループメンバーとの関係性を模索しつ
つ，さまざまな不安にさらされながらミッションを遂行しなければなら
ないのですから，当然のことながらたくさん失敗したり，ぶつかったり，
不和が起きたりします。たった 5 日間のプログラムですが，その中で多
くの葛藤と内省を繰り返した結果，学生たちは驚くほど変化します。

　また，実はこのプログラム，大学職員の研修としての側面も持ってい
ます。各グループについた「引率者」たちは，LINE グループで緊密に
連絡し合い，時には司令塔の先生に相談しながら，危機管理に努めます。
同時に，「グループが崩壊しかけたがみんなで話し合って何とか立て直し
ました！」とか，「今日はこんな成長が見られました！」といった報告

Column 15

が連日，興奮気味に寄せられていました。はじめはどう関わっていいか戸惑っていた「引率者」たちも，だんだんと役割を摑み始め，学生同様，自己の働きかけ方や感情などを振り返りながら，変化していきました。

　プログラムを設計するとはどういうことか，危機管理のあるべき姿とは，学生の成長を促す仕掛けとは，このプログラムの後にはどんなサポートがあればよいか，そして教員とはまた違う，職員の立場でできることは何か……。感じること，考えることが山ほどありました。行程中，目的地に辿り着くことに夢中になりすぎて朝から晩まで飲まず食わずといったことも何日かありましたし，長距離列車で何時間も立ちっぱなしは当然。本当にタフな「引率」となりましたが，すべての行程をどうにか無事終えて，日本へ帰国する飛行機に乗り込む学生たちの精悍な顔つきを見たら，疲れはふっとび，なんてすばらしいものを目の当たりにしたんだ，と感動していました。人が変化する瞬間に立ち会うことほど喜びにあふれたものはない，と教育機関で働く意義も再認識できた「引率」経験でした。

（國府田　真）

Column 16

✏スマホを置いて，インドを歩こう

　18 の夏，バックパックを背に一人インドで列車を待つ時，手にあったのはスマートフォンでもタブレットでもなく，1 冊のガイドブックだけでした。日本を出発前に旅の計画をし，目的地をまわる寝台列車の切符も予約していましたが，旅にトラブルはつきもの。首都デリーでだまされてしまい，言われるがまますべて新しい切符に買い換え，予定ルートを反対周りすることになりました。だまされていたことに気づいた時は，すでに移動の車中。自分の身に危険はなく，幸い切符もすべて本物。そして帰国の飛行機だけは決めていたので，そこに無事たどり着くことと，4 つの街を旅しながら初めて一人やってきたインドを目一杯に冒険しようという覚悟ができました。

　混沌とした首都デリーを抜け，眩いまでに美しく土足厳禁のタージマハルを裸足で歩き，出発時刻を 2 時間越えても来ない列車を待ち，神秘的なガンジス川とバラナシの町に魅了され，大都市コルカタとそこで出会った親切なインド人家族に食事やチャイをご馳走してもらい，その時のその場所でしか感じられない日々を全身で経験していきました。

　さらにその時代はスマートフォン以前，町中に Wi-Fi もありません。大きな町のインターネットカフェでお金を払い，ローマ字打ちで友達と家族に一通ずつ連絡を送っただけでした。地図アプリを起動するでもなく，『地球の歩き方』を手に，拙い英語で道ゆく人に尋ねて歩く。この「歩いた」実感は，SNS 映えもしないけれど，自分の心にしたがって一歩踏み出し飛び込んでいく勇気と勢いを加速させる経験となりました。

　それから 10 年以上経ち，スマートフォンも地図アプリもある時代。しかし西アフリカのベナンのある村で「森を過ぎたら左に曲がって，まっすぐ行けば大きな木が見える。僕の家はそこだよ。困ったら○○（彼の名前）の家はと誰かに聞くといい」そんな案内をもとに村の友人を訪ねることにも，自信を持って歩みを進めていた自分がいます。

（岡田　二朗）

第9章

SDGs をテーマとした
オンライン国際教育プログラム

第1節 テーマのある国際教育プログラム

　2015 年 9 月，国連サミットは「持続可能な開発目標」(SDGs：Sustainable Development Goals) を加盟国の全会一致により採択し，2030 年度までに国際社会が協働して達成すべき 17 の目標を示しました。これを受けて世界各国で SDGs 達成を目指すさまざまな取り組みが進められています。日本でも高校の探究学習や大学の国際教育プログラムにおいて SDGs はいまや外すことのできないテーマの一つとなっています。静岡大学では 2019 年から SDGs をテーマとした国際教育プログラムの開発に着手し，コロナ禍にあってオンラインによるプログラムの企画・実施を進めてきました。

　こうした取り組みの背景には SDGs 達成に向けた大学としての貢献だけでなく，学生の新たな留学ニーズに対応する動きも関わっています。従来の長期語学留学を中心・前提とする国際教育プログラムの提供や編成に対して，近年では長期休暇を活用した「テーマのある国際教育プログラム」への興味関心が国内外の学生のあいだで高まっています。例えば，オランダのトゥエンテ大学では自然科学

系の専門教養をテーマとした夏期短期プログラム CuriousU を提案
し，理工系の学生を中心に世界各地から多くの参加学生を集めてき
ました。インドネシアのガジャマダ大学では地域課題の解決をテー
マとした夏期短期プログラム DREaM を実施し，日本からも多く
の学生が参加しています。2020 年以降はコロナ禍により中止やオ
ンラインによる代替も余儀なくされていますが，国際及び地域課題
に根ざした「テーマのある国際教育プログラム」へのニーズは今後
も高まることが予想されます。

　もともと静岡大学では 2020 年に「テーマのある国際教育プログ
ラム」として 2 週間の日程による対面型・体験型による「富士山
SDGs サマープログラム」が企画されていました。同プログラムは
大学における座学と，伊豆半島を中心とした自然環境フィールド
ワークを組み合わせたもので，学生同士のディスカッションやプレ
ゼンテーションを盛り込み，PBL 型の国際教育プログラムとして
構想されました。長期留学のきっかけにもなる英語による短期プロ
グラムを準備することは，海外からの多様な留学ニーズへの対応を
可能にし，学内における英語による授業実施に向けた準備の一環と
しての役割を果たすことも期待できます。プログラム設計の段階で
は，学生が期待している学習内容の把握，学内の学生コミュニティ
（学生サポーター）の形成・組織化，短期宿泊先の確保といった学内
の課題も洗い出されました。新型コロナウィルスの感染拡大により
同プログラムは実施延期となってしまい，その後は上記課題への対
応と準備を兼ねたオンラインによる国際プログラム開発・試行に取
り組んでいます。具体的には，一般社団法人グローバル教育推進プ

ロジェクト（GiFT）との連携事業「静岡大学ステューデントアンバサダープログラム」，高大接続事業「静岡大学グローバルリーダーシッププログラム」，海外協定校向けの「オンライン日本語サマープログラム」などがあります。本章では2022年度に行われたフィンランド・オウル大学との「SDGsオンライン国際教育プログラム（教育・福祉）」について紹介します。

第2節　フィンランド・オウル大学とのプログラム開発

　2022年，フィンランドは世界SDGsランキングにおいて三年連続1位となりました。人口は500万人程度，国土の70％が森林のフィンランドは環境保全や関連するイノベーション分野において国際的に高い評価を受けています。また，手厚い医療・福祉サポートと高い教育水準でも知られており，国連が調査した幸福度ランキングでは過去数年にわたり世界1位を獲得してきました。静岡大学では教育学部学生からフィンランドの教育制度や社会福祉について知りたいという要望が毎年のように国際部門に寄せられており，「教育・福祉」をテーマとしたオンラインによる国際教育プログラムの開発に着手しました。

　企画にあたっては静岡大学国際連携推進機構を中心として，教育学部や学内の未来社会デザイン機構とも連携・協働しています。「テーマのある国際教育プログラム」の実施にあたっては，扱う専門テーマに応じて学内の他部局や学外の教育・研究機関とのネット

ワーク構築が必要となり，これにより全学的・地域的な取り組みとしても進められる可能性および利点があります。「教育・福祉」はSDGs とも深く関わるテーマであり，項目「4　質の高い教育をみんなに」「10　人や国の不平等をなくそう」をプログラムの重点項目としました。連携先となるオウル大学は教員養成機関としてフィンランドでも随一の規模を誇り，IT 研究でも国際的に高い評価を受けています。プログラム開発にあたっては，現地の教職員や学生たちとの意見交換を重ねてきました。

　プログラムは英語で実施され，両大学のプログラム・コーディネーターに加えて，学習活動を支援する学生モデレーターやサポーターを配置し，できるだけ少人数で学生間のコミュニケーションが円滑に進むようにしました。参加者は 30 名程度に限定し，語学レベルにも制限を設けていません。プログラムは第 7 章で紹介されている COIL のような形態を採っており，事前の各大学でのオリエンテーションを経て「3 時間× 2 日間」の日程で 2020 年度の夏期及び冬期休暇期間で実施されました。

第3節　事前オリエンテーションとプログラム内容

　本プログラムの参加者には事前にビジネスチャットツール Slack に登録してもらい，プログラム案内や参加者同士での自己紹介を事前に行うことで，よりリラックスした雰囲気で活動に入れるように配慮しました。また，事前オリエンテーションを実施し，フィンラ

ンド及び日本についての基礎知識，本プログラムに参加した理由や何を学びたいかなどについて参加者同士で共有する機会を数回にわたって設けました。事前オリエーテーションでは Slack やウェブ会議サービス Zoom の使い方についても確認し，学年や専門の異なる参加者同士のチームビルディングを図ります。参加者の自己紹介については，それぞれスライド一枚程度の内容をプログラム開始前までに Slack に掲示してもらい，お互いにコメントをし合うことで，相互理解を深めてもらいます（写真 9.1）。プログラム期間中において Slack は日々の内容の振り返り，フィードバック，情報提供に関するプラットフォームの役割も果たします。またプログラム交流後も交流の場として継続的に利用されています。

　プログラム内容は大きく「ミニレクチャー」と「シェアリング・

写真 9.1　参加者による自己紹介
出所）筆者撮影

表 9.1　プログラム概要

■プログラム概要　Program overview

Day 1 Wednesday, August 24th			
日本時間	Time in Finland		
15:00	9:00	はじめに（プログラムの紹介、スケジュール） Introduction (Overview of the program, Schedule)	Main room
15:15	9:15	フィンランド学生サポーターによる自己紹介 Self-introduction by Finnish student supporters	Main room
15:30	9:30	ブレイクアウトルーム 自己紹介 & フィンランドについて知っていること、知りたいこと Breakout room discussion What do you already know about Finland, and what do you want to know more by Japanese students	Breakout room
15:50	9:50	シェアリング Sharing	Main room
16:05	10:05	何々といえば! 異文化交流　Intercultural activity	Ms. Namioka
16:15	10:15	休憩　Break	
16:20	10:20	ミニレクチャー1 フィンランドの社会制度と教育 (オウル大学院卒・地元企業で働く金子さん&オウル大博士課程後期生アンドレアスさん) Mini Lecture 1: Overview of Finnish Society and Education by Ms. Shiho Kanako & Mr. Andreas Rogler	Main room
16:40	10:40	ブレイクアウトルーム 類似点・相違点、背景として考えられること、質問 Breakout room discussions with the student supporters Difference and similarities between two cultures, reasons behind those. List as many items Q&A	Breakout room (Google slide)
17.10	11:10	シェアリング・質疑応答 Sharing session, Q&A	Main room
17:25	11:25	ミニレクチャー2 フィンランドの教師教育 <オウル大学院卒業・日本在住のアンニーナさん> Mini Lecture 2: Ms. Anniina O'Rourke (Graduated from Master's program) Teacher education program in Finland	Main room
17:40	11:40	質疑応答　（フィンランドの大学における教員養成や教育実習制度に関する質問など） Q&A (Questions regard to teacher education in Finland and teaching practices etc.)	Main room
17.50	11:50	アナウンスメント Announcements, homework	Main room
18:00	12:00-	1日目終了 End of the first day	Main room

Day 2 Thursday, 25th August			
15:00	9:00	2 日目アナウンスメント Introduction of the second day, announcements	Main room
15:15	9:15	アクティビティタイム Activity time	
15:35	9:35	休憩　Break	
15:45	9:45	ミニレクチャー3：フィンランドのジェンダー平等性（歴史的な観点から）オウル大学セイヤ教授 Mini Lecture 3: Gender Equality in Finland: Historical perspective by Dr. Seija Jalagin	Main room
16:15	10:15	ブレイクアウトルーム 類似点・相違点、質問を考えてみよう Breakout room discussions Difference and similarities between two cultures, reasons behind those. List as many items Q&A	Breakout room
16:30	10:30	シェアリング・質疑応答 Sharing time, Q&A	Main room
16:45	10:45	休憩　Break	
16:50	10:50	ブレイクアウト（最終） プログラムの振り返りワーク Final group discussion and reflection: What is the takeaway from the program?	Breakout room, google slide
17:10	11:10	シェアリング・グループごとの発表 Group presentation/sharing	Main room
17:50	11:50	まとめ・集合写真 Group photo, Ending remarks	Main room
18:00	12:00	プログラム終了 End of the program	Main room

※当日内容や時間が前後する可能性あり　There can be some changes

出所）静岡大学国際連携推進機構

質疑応答」の二つに区分されます（表 9.1）。参加者の緊張をほぐすために，適宜アイスブレイキングや休憩の時間をとり，音声による情報発信だけでなく，Slack を併用することで，文字による情報提供や参加者同士のコミュニケーションを促しています。日程の１日目はフィンランドの専門家や学生スタッフによるミニレクチャー「フィンランドの社会制度と教育」「フィンランドの教師教育」が行われました。ミニレクチャーの後は Zoom のブレイクアウトルーム

機能を使い，グループにわかれて両国の参加学生同士で意見交換を行います。二日目はオウル大学人文学部のセイヤ・ヤラギン先生から「フィンランドのジェンダー平等性」についてミニレクチャーが行われました。プログラムは段階的により専門的な内容へと設計されています。セイヤ先生からは後日「質問も多く出され，テーマに対する高い学習意欲を静岡大学の学生たちから感じました」という感想をいただきました。プログラムは締めくくりとして，二日間で学んだことを，グループ内で一枚のスライドでまとめて発表しました（写真 9.2）。

　プログラム全体の進行は現地コーディネーターの植松希世子さんと静岡大学学術研究員の濤岡優さんが担当しました。事前に学生スタッフも交えたオンラインでの打ち合わせを重ね，参加者の興味関心やレディネス，コミュニケーションに関わる両国の文化的特性についての確認も行っています。参加者の語学レベルを問わなかった

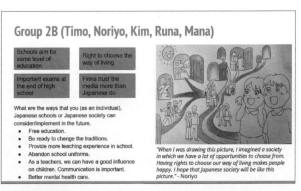

写真 9.2　グループワークのまとめスライド

出所）筆者撮影

ため，ゆるやかなクラス分けを行っているものの初日の参加度には差が生じました。しかし，それがまた参加者の向上心やグループ内での相互サポートのきっかけとなり，二日目には専門知識を各自で事前に増やすなどして，より集中して，プログラムに参加しようとする姿勢が見受けられました。

第4節　参加者のアンケート分析

　2022 年度の夏期プログラム終了後のアンケートでは，参加者の 7 割にあたる 21 人から回答をえています。「二日間のプログラム参加を通して，何を達成できたか」について複数回答により尋ねたところ，上位 3 つは「フィンランドの社会や教育制度を知ることができた」(85.7 %)，「海外の文化をしることができた」(76.2 %)，「国際交流の経験ができた」(57.1 %) となりました。本プログラムは SDGs の内容項目に関連するテーマとして「教育・福祉」に焦点をあてており，上述の結果からも参加者のテーマ理解は概ね深まっていることがうかがえます。加えて，今後の国際教育プログラムへの参加に関する質問項目では 71.4 %の学生が冬期における短期海外留学プログラムを希望していました。本プログラムでの体験をうけて，半年後に現地での体験型短期留学を希望する学生層がもっとも多かったということが示唆されました。

　一方で，講義の時間帯を短くし，二日間で 3 つのミニレクチャー

に絞ってプログラムを構成したものの，講義を減らして学生間の交流に時間をかけて欲しいという声は，日本およびフィンランド双方から上がりました。また，扱ったテーマを通してフィンランドと日本とを比較して考えるという視点や課題意識の深まりも見受けられました。以下では参加者の声を一部抜粋して紹介します。

・自分から積極的に話すことの大切さを学びました。英語を話す経験はほとんどなかったですが，英語にしやすいように表現の仕方を工夫することで，なんとかできるものだと感じました。
・かなり満足で，特に改善点はないが，日本のことや日本語について教える時間があると面白いかもしれないと思いました。
・フィンランドの教育制度やジェンダー平等性を日本に還元するなら，もう少しフィンランドの学生側にも日本の教育制度について知ってもらう必要があったのではないかと感じました。

　本プログラムへの日本からの参加者の多くは，英語学習に対する動機が以前よりも高まったと回答しています。また，「テーマのある国際教育プログラム」では連携先の大学や国の情報や状況に関する理解だけでなく，日本側の事情についても紹介して，相互理解を形成しようとする傾向も広く認められました。より詳細なアンケートの分析結果については『静岡大学教育学部研究報告．人文・社会・自然科学篇』(2022) の拙稿を参照ください。

第5節　今後の展望

　上記で紹介した国際教育プログラムは SGDs アジェンダの目標4
「質の高い教育をみんなに」，および目標 10「人や国の不平等をな
くそう」を重点項目としています。同項目の具体的な内容としては，
国籍や母語，人種，民族に関係なく，平等で質の高い教育を受ける
機会，およびすべての子どもが，それぞれの個性に応じて能力を高
め最大限に活かすことができる環境の構築を目指すことが掲げられ
ています。これらに加えて，本プログラムでは環境や政治・経済に
ついても議論は及びました。また，次世代の教育者が国際的視野を
養うことは，SDGs の全体理念である「誰一人取り残さない」こと
や「ダイバーシティ＆インクルージョン」の理念とも連動してい
きます。

　本プログラムのなかで，参加者は「テーマ」についての意
見交換を通して，お互いの専門や興味関心を共有しただけでな
く，体験をともなった現地での交流を希望する声も挙がりまし
た。「語学力向上のための留学」という先入観がうすれ，テーマ
を通して他者および自己への関心が深まるという異文化体験と
いった新たな留学の側面にも気づき，留学そのものへの心理的ハー
ドルをさげていく様子も見受けられました。今後はこうした短期オ
ンライン国際教育プログラムを他のプログラムとどのように連携さ
せ，相乗効果を深めるかが課題になると目されます。国内外の事例

を参照しながら，他大学との共同開催の可能性も含めて企画・検討
を重ねていきたいと考えています。

謝辞

本章の執筆にあたりプログラム・コーディネーターの植松希世子
さん（オウル大学／ Umico 代表），濤岡優さん（静岡大学）にご協力
いただきました。記して感謝申し上げます。

（藤井　基貴）

Column 17

✒テーマのあるサマープログラムの可能性：コロナ禍を経て

　コロナ禍におけるオンラインでの国際交流の試行錯誤を経て，2023 年からオンラインと対面を併用した多文化間共修プログラムが各地で企画されています。静岡大学でも第 9 章で紹介したコロナ禍でのオンラインによる取り組みをもとに，2023 年 8 月にはオンラインと対面を併用した英語によるサマープログラムを実施することができました。

　プログラムのテーマは静岡の地域課題である「防災・減災」に焦点をあて，「気候変動とそれに伴う自然災害のリスクを ICT はいかに低減しうるか」に設定しました。8 月 7 日から 9 日に実施された事前の専門家によるオンライン研修の後，8 月 21 日からおよそ 1 週間にわたって，静岡市内に参加学生が集い，グループワーク，フィールドワーク，最終報告会を組み合わせたプログラムが展開されました。

　参加したのは，静岡大学の学部生・大学院生，本プログラムの連携先となったフィンランド・オウル大学と横浜国立大学の学生・留学生のみなさんです。参加費は「日本万国博覧会記念基金事業」から助成を受けて無料にすることができ，これに大学の予算を組み合わせて，会場費や招聘費等の予算をまかないました。また，フィンランド大使館，静岡県庁・静岡市役所からはプログラムの後援に入っていただき，あわせて清水建設，ノキア・ジャパン，建設システム，静新 SBS グループ，仙台市役所の方々にも専門家として事前研修や最終報告会に登壇いただきました。これによりプログラム内容は，静岡大学が単独で行うよりも，はるかに充実したものになったと思います。最終報告会には静岡城北高校，静岡サレジオ高校の生徒のみなさんにも探究学習に関する活動報告をしてもらい，高大連携にもつなげることができました。

　本プログラムは「防災・減災」という静岡の地域課題に対して，防災・減災と ICT の専門的な知見をもとにアクション・プランを提案することを目指したものです。その成果として，大学だけでなく，自治体・企業などからも広く関心を寄せていただき，産学官が連携した取り組みへと

Column 17

　つなげることができました。このことはプログラムの内容だけでなく，プログラムの将来的な持続可能性を高める基盤となったと感じています。

　また，そこには英語の学習機会の提供にとどまらない「テーマのあるサマープログラム」を企画・実施する意義と可能性があります。こうしたプログラムをさらに充実させていくには，内容の工夫や予算措置だけでなく，プログラム参加者と伴走・共創できるコーディネーターやファシリテーターの育成も欠かせません。こうした専門領域の資質や技能向上，人材確保・育成に，これからの国際交流・多文化間共修の成功の鍵があるとも考えています。

（藤井　基貴）

「静岡大学 SDGs サマープログラム 2023」のチラシ

執筆者紹介（あいうえお順）

秋庭　裕子（あきば ひろこ）
東京学芸大学　国際交流・留学生センター　准教授
専門：異文化間コミュニケーション　国際教育　大学の国際化政策
広島大学大学院在籍中，休学をして1年間マラヤ大学に留学。広島大学大学院国際協力研究科にて修士号を取得後，信州大学に勤務。その後，フルブライト奨学生としてミネソタ大学大学院教育政策行政専攻（国際教育）に留学し，博士号を取得。現在，東京学芸大学にて国際教育交流業務に従事。
担当：編者，第2章，コラム

大野　さゆり（おおの さゆり）
フリーランス（一般社団法人 TOKYO PLAY など）
専門：子どもの権利保障のための遊び場づくり，プロジェクトマネジメント
名古屋大学在学中「多様な人と一緒に生きること」に興味を持ち，多国籍プログラムを渡り歩く。卒業後は製造業におけるコンサル営業，企業内人財育成を経て，子ども領域へ。プレーパーク，多国籍の子どもキャンプ，障がい児の海外派遣など，さまざまな立場の人が関わり合う場づくりが好き。明示的な学びの場から，日常の相互作用の中で市民1人1人がアップデートされるような活動や仕掛けへと軸足を移している。
担当：コラム，イラスト

岡田　二朗（おかだ じろう）
UNRWA 国連パレスチナ難民救済事業機関
専門：平和構築・紛争解決　異文化間適応トレーニング　国際開発・人道支援事業調整
立命館大学在学中に1年間アイルランド国立ダブリンシティ大学に交換留学。アメリカン大学大学院にて修士号（平和・紛争解決学）取得。欧州に本部を置く組織の現場職員として，南スーダンにてコミュニティ規模での人道支援・平和構築に従事。その後国際教育・多文化共修の事業アシスタントと，西アフリカ・ベナンの現場を経て，日本から中東地域における緊急人道支援の調整業務を担当。現在はヨルダンにて難民の教育・保健・保護等の事業調整に従事。心理社会的支援への関わりをきっかけに，心に伴走できるアプローチを模索中。
担当：コラム

小野　詩紀子（おの しきこ）
南山大学国際センター特別任用講師
専門：TESOL　異文化間コミュニケーション
名古屋大学在学中に経験した1年間の交換留学が今の自分を形作るきっかけになったと実感し，国際教育と自己成長のつながりに興味を持つ。卒業後は製造業やIT企業にてマーケティングに従事し，その後，英国マンチェスター大学にて英語教育と異文化コミュニケーションを専門とする修士号を取得した。2021年4月より現職にて，異文化コミュニケーション，COIL型授業や，留学アドバイジング，留学企画などを通して国際教育に関わっている。
担当：第7章，コラム

川平　英里（かびら えり）

明治大学大学院 国際日本学研究科　博士後期課程
専門：異文化間教育　初等教育における多文化共生の教育
名古屋大学在学中の国際交流活動と留学をきっかけに国際教育に関心を持つ。航空業に
従事した後，横浜国立大学大学院にて教育学修士号を取得。その後，教育系企業での言
語講師，名古屋大学国際教育交流センター特任助教，学術専門職，立教大学でのリーダー
シップ教育プログラムコーディネーターを経験。現在は「多様な人々が共生に向かう教
育」について，児童が他者と関わって創り出す会話や表現をテーマとして研究活動を行っ
ている。
担当：第4章，コラム

國府田　真（こうだ ちか）

「なぜ北欧諸国の幸福度指数は高いのか」に興味を持ち，立命館アジア太平洋大学（APU）
在学中にフィンランドへ留学。ヘルシンキ大学とAPUの両大学で学んだ経験から，人
が育つ教育の場所に関わりたいという思いを持ち，APU卒業後，大学職員として教学
系と研究支援系の部署で勤務。日本学術振興会・ストラスブール研究連絡センター（フ
ランス）への出向を経て，現在はフランスにて子育てをしながら，より優しい社会の実
現に向けて，次に自分が担える役割を模索中。
担当：コラム

古賀　恵美（こが えみ）

日本国際協力センター（JICE）
専門：日本語教育
民間企業での勤務を経て，1990年より大学，国際協力関係機関，地域日本語教室，ウ
ズベキスタン，バングラデシュにおいて日本語教育に携わる。名古屋大学大学院国際言
語文化研究科にて修士号を取得。留学生，定住外国人，技術研修員，日本企業で働くビ
ジネスマン等，多様な背景を持つ人々に日本語の指導を行う。異文化理解，多文化共生
の視点を持った日本語教育の実践を模索中。
担当：第2章

近藤　祐一（こんどう ゆういち）

元 立命館アジア太平洋大学　教育開発・学習支援センター 教授
専門：異文化間コミュニケーション　国際教育
国際基督教大学在学中に異文化間コミュニケーションに興味を持ち，交換留学先で留学
生アドバイザーという職業を知り，それで身を立てようと思ったが，当時の日本ではま
だそのような職業がなく断念。卒業後再度渡米し，ミネソタ大学大学院に進学。南山大
学を経て，立命館アジア太平洋大学へ。留学生の受け入れ，日本人学生の送り出しプロ
グラムの開発。また留学生のリクルートメントなどに取り組んだ。
担当：第8章

佐間野　有希子（さまの ゆきこ）

立命館アジア太平洋大学
専門：異文化トレーニング　高等教育の国際化　国際認証・質保証
民間企業で留学センターの運営を行ったあと，立命館アジア太平洋大学へ入職。2012
年に米国ミネソタ大学大学院教育政策行政専攻（国際教育）にて修士号を取得。現在も

APU で，大学の国際化業務に関わる。
担当章：第 1 章

髙木　ひとみ（たかき ひとみ）
名古屋大学　グローバル・エンゲージメントセンター　特任准教授
専門：留学生アドバイジング　国際教育交流　多文化間グループアプローチ
上智大学大学院にて修士号（教育学），ミネソタ大学大学院にて修士号（カウンセリング心理学）を取得。2005 年から，名古屋大学にて留学生相談，国際教育交流プログラムの企画・運営，多文化間共修に関する授業等を担当。
担当：第 5 章

平井　達也（ひらい たつや）
立命館アジア太平洋大学　教育開発・学修支援センター　教授
専門：キャリアカウンセリング　異文化間カウンセリング　グループアプローチ
一橋大学社会学部卒業，九州大学大学院教育学研究科にて修士号を取得（臨床心理学）。その後，フルブライト奨学生としてミネソタ大学大学院にて博士号（Ph.D. カウンセリング心理学）を取得。ミネソタ大学留学生センターカウンセラー，カリフォルニア大学サンディエゴ校カウンセリングセンターカウンセラー，西南学院大学・九州大学非常勤カウンセラー，九州産業大学国際文化学部臨床心理学科常勤講師などを経て，現在，立命館大学アジア太平洋大学教授。
担当：第 2 章

藤井　基貴（ふじい もとき）
静岡大学教育学部 准教授
静岡大学国際連携推進機構 副機構長
静岡大学現代教育研究センター　センター長
専門：教育学，哲学
名古屋大学大学院教育発達科学研究科博士課程修了。名古屋大学高等教育研究センターにて特任講師として勤務の後，2008 年 4 月より現職。教員養成を主たるフィールドとして，大学の国際化に関する教育・研究プロジェクトにも従事。2016 年，内閣府青年国際交流事業「地域コアリーダープログラム」への参加をきっかけに，非営利セクターにおける教育プログラムの開発・評価に関する研究にも取り組んでいる。
担当：第 9 章，コラム

筆内　美砂（ふでうち みさ）
立命館アジア太平洋大学　教育開発・学修支援センター　助教
専門：多文化間共修　異文化環境適応　異文化間コミュニケーション等
大学時代に英国ダラム大学での交換留学を経験し，国際教育交流のキャリアを志す。PIEE 国際教育交流協会にて高校交換留学生の指導とプログラム運営に従事。その後，東京大学理学部・理学系研究科国際交流室にて非常勤外国人留学生アドバイザー，名古屋大学留学生センター助手（交換留学受入れ担当）を経て渡米。ミネソタ大学大学院で修士号（国際教育）を取得後，ヨーロッパ，アフリカで 3 年過ごす。英国ダラム大学大学院にて博士号（教育学）取得。立命館アジア太平洋大学，立命館大学勤務を経て，現職。
担当：編者，第 1 章，第 2 章，第 3 章，コラム

星野　晶成（ほしの　あきなり）
名古屋大学　国際本部　国際戦略室　准教授
専門：教育・人材開発（ESD）　比較・国際教育　高等教育の国際化
ミネソタ大学にて修士号（2006 年　教育学），名古屋大学にて博士号（2020 年　国際開
発学）を取得。関西外国語大学国際交流部職員（2006 ～ 2012 年）。2012 年より名古屋
大学において，大学生の派遣留学業務を担当し，現在は国際戦略業務を主に担当してい
る。
担当章：第 4 章，コラム

堀江　未来（ほりえ　みき）
立命館大学グローバル教養学部 教授
立命館小学校 校長
BRIDGE Institute 代表
専門：国際教育　異文化間教育
名古屋大学教育学部在学中，1 年間中国南京大学に留学。1995 年名古屋大学教育学研
究科にて修士号取得後，2003 年米国ミネソタ大学大学院教育政策行政専攻（国際教育）
にて Ph.D. 取得。名古屋大学留学生センター助手（留学生相談室担当），南山大学職員，
名古屋大学留学生センター准教授（海外留学室担当）を経て，2009 年立命館大学国際
教育推進機構着任。2023 年度よりグローバル教養学部教授。2017 年度より立命館小学校・
中学校・高等学校代表校長，2021 年度より立命館小学校校長を兼務。
担当章：編者，第 1 章，第 3 章，コラム

松本　哲彦（まつもと　よしひこ）
学校法人東明館学園　東明館中学校・高等学校 専任教諭
GS（Global Study）コース主任　Global House 長　教務国際部副部長
専門：TESOL　中等教育における国際教育　異文化間コミュニケーション
立命館アジア太平洋大学在学時から，外国語教育・異文化間コミュニケーション・高大
連携教育を専門に研究し，Teaching Assistant として高等学校で勤務（探究学習・英
語・インドネシア語担当）。卒業後，公立中学校で勤務（英語科教員，国際理解教育担
当）。その後，立命館大学大学院言語教育情報研究科にて修士号（言語教育情報学）を，
University of Southern Queensland にて Certificate in TESOL 取得。2020 年より現職。
英語教育，国際教育，異文化理解の専門知識を基に，留学の学びを最大化するための教
育と学校の国際化に力を入れている。
担当章：編者，第 6 章

力丸　晃也（りきまる　こうや）
立命館アジア太平洋大学
専門：大学の国際化　寮教育　国際交流　ピアエデュケーション　地域連携　産学官連
携　立命館アジア太平洋大学（APU）で 2 年間，国際学生寮で Resident Assistant を経験。
APU 卒業後，学校法人立命館に職員として入職。立命館大学，立命館アジア太平洋大
学の両方での勤務を経験。学部事務室，就職部，入試部，研究部，学生部の勤務経験が
あり，多様な視点を持って国際教育に携わっている。海外派遣プログラム，大学での国
際交流促進，国際学生の就職支援，国際寮での多様な学びの創出，大学と地域・企業と
の連携に特に関心を持って日々業務を行っている。
担当：コラム

国際教育で育む異文化感受性
　　—多文化環境での対話的で深い学びのために

2024年3月30日　第一版第一刷発行

編著者　　秋庭　裕子
　　　　　筆内　美砂
　　　　　堀江　未来
　　　　　松本　哲彦

発行者　田中　千津子

〒153-0064　東京都目黒区下目黒3-6-1
電話 03 (3715) 1501 (代)
FAX 03 (3715) 2012
https://www.gakubunsha.com

発行所　株式会社 学 文 社

Printed in Japan
印刷：新灯印刷

ISBN978-4-7620-3325-4